Reflexões de um Inseto

Um Romance sobre a Natureza
e a Fragilidade Humana

Doroty Santos

Reflexões de um Inseto

Um Romance sobre a Natureza
e a Fragilidade Humana

© 2017, Madras Editora Ltda.

Editor:
Wagner Veneziani Costa

Produção e Capa:
Equipe Técnica Madras

Revisão:
Silvia Massimini Felix
Ana Paula Lucissano
Jerônimo Feitosa

Dados Internacionais de Catalogação na Publicação (CIP)
(Câmara Brasileira do Livro, SP, Brasil)

Santos, Doroty
Reflexões de um inseto: um romance sobre a natureza e a fragilidade humana/Doroty Santos. – São Paulo: Madras, 2017.

ISBN: 978-85-370-1057-0

1. Ficção brasileira 2. Mistérios I. Título.

17-02814   CDD-869.3

Índices para catálogo sistemático:
1. Ficção: Literatura brasileira 869.3

É proibida a reprodução total ou parcial desta obra, de qualquer forma ou por qualquer meio eletrônico, mecânico, inclusive por meio de processos xerográficos, incluindo ainda o uso da internet, sem a permissão expressa da Madras Editora, na pessoa de seu editor (Lei nº 9.610, de 19/2/1998).

Todos os direitos desta edição reservados pela

MADRAS EDITORA LTDA.
Rua Paulo Gonçalves, 88 – Santana
CEP: 02403-020 – São Paulo/SP
Caixa Postal 12183 – CEP: 02013-970
Tel.: (11) 2281-5555 – Fax: (11) 2959-3090
www.madras.com.br

AGRADECIMENTO

Quero agradecer à pessoa que me incentivou a correr atrás de meu sonho; alguém que, além de um grande Mestre, é humilde o suficiente para reconhecer o que há de bom nas pessoas e transmitir seu imenso conhecimento àqueles que estão prontos a aprender.

Obrigada, Mestre Gabriel Amorim!

PREFÁCIO

Reflexões de um Inseto é um romance magnífico que mergulha nas profundezas da natureza humana, mostrando toda sua fragilidade e revelando o melhor e o pior que existe dentro de cada um de nós.

A autora se utiliza de um artifício muito inteligente que é a narrativa de um humano que se transformou em mosca para, com isso, poder observar a vida de fora dela. Esse humano adquiriu todos os poderes desse inseto, manteve sua faculdade de pensar e, agora, voa por aí, observando e refletindo sobre as atitudes dos outros.

Como mosca, esse ser humano passou a acompanhar de perto a vida nada convencional de suas duas irmãs, Eunice e Patrícia, e de todo o contexto que as cerca, refletindo e tecendo seus comentários.

Eunice é uma religiosa que se tornou fanática e que faz tudo por sua congregação. Com o intuito de descobrir por que Eunice ficou assim, essa mosca começa a seguir sua irmã e a frequentar os cultos.

Como mosca, esse personagem vai à igreja com sua irmã e passa despercebido, sendo capaz de entrar em lugares onde somente os líderes espirituais podem entrar e, escutando suas conversas particulares, ele acaba descobrindo todas as tramoias que acontecem nesses locais, como, por exemplo, os métodos de manipulação que certos líderes espirituais utilizam para escravizar mentalmente seus fiéis para, então, retirar deles tudo de que necessitam para enriquecimento próprio.

Essa mosca relata as atitudes egoístas das pessoas que frequentam algumas igrejas, mostrando que elas não estão ali para louvar ao Senhor, muito pelo contrário, estão para barganhar com Deus, como se isso fosse possível.

Patrícia, a outra irmã da mosca, é uma jovem casada que tem dois filhos, mas que nunca descobriu o que quer da vida. Ela pensa que a felicidade está em ter um marido e uma família, por isso, toda vez que começa a se sentir infeliz, abandona seu esposo e procura outro, mostrando a incapacidade das pessoas de resolver seus problemas e encontrar a felicidade, repetindo um ciclo interminável.

Este é um livro que explora a realidade humana por meio do olhar crítico de quem está de fora observando.

Boa leitura...

Mestre Gabriel Amorim
Autor do livro *Decifrando o Mistério dos Sonhos*

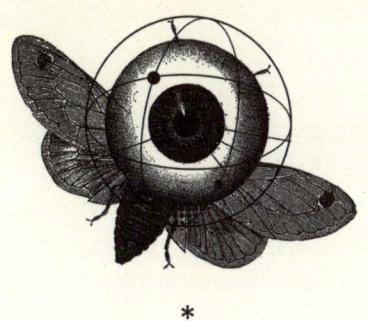

*

Em um primeiro momento parece incompreensível, mas, olhando a fundo, percebo que tinha de ser assim. Minha vida passou diante de meus olhos como um *flash*.

Eu, metade homem, metade mosca, agora estou aqui, nesta praça, relembrando momentos de minha vida. Como assim, metade mosca? Esse inseto normalmente é rejeitado por sua natureza asquerosa, porém ele voa por qualquer espaço e, de maneira fabulosa, vê, ouve – e analisa – tudo o que acontece ao seu redor. As pessoas não ligam para esse insignificante ser, mas deveriam lhe dar mais atenção, pois, ao ignorá-lo, não percebem que a pequenina mosca observa tudo e tira suas conclusões a respeito dos acontecimentos que a cercam.

Por alguma razão desconhecida, eu virei uma mosca. Talvez fosse um desejo incontrolável de voar por todos os ambientes sem ser notado. De ter aquela sensação de estar presente em determinadas situações apenas observando, sem me deixar influenciar por sentimentos e emoções que nos consomem e fazem com que percamos o controle. Contudo, eu ainda sou humano, tenho pensamentos pertinentes à raça humana. Mas o que isso importa? Agora posso observar tudo e a todos, sem ser percebido. É estranho, mas é assim. É um fenômeno que não sei explicar.

Tudo começou aqui na capital. Eu venho de uma família muito simples e pequena. Somos cinco: meu pai, José Francisco Damasco, minha mãe, Josefina Martins Damasco, e minhas duas irmãs, Patrícia e Eunice. Eu e minhas irmãs tivemos uma infância tranquila e saudável. Corríamos para todo lado, brincávamos, fazíamos travessuras, como toda criança. Meus pais sempre foram muito duros, nos educando com base em princípios religiosos fortes, fundamentados na ética e na honestidade. Esse papel, o de passar uma educação firme, era mais de minha mãe do que de meu pai. Mas meu pai nos amava muito e era um homem muito bom e honesto. O que posso dizer é que meus pais alcançaram seu objetivo, seus filhos se transformaram em adultos normais ou algo perto disso.

Já em nossa fase madura, percebi que, mesmo tendo a mesma educação que minhas irmãs, eu era muito diferente delas. Não temos muita coisa em comum. Não é só pelo fato de eu ser homem – e agora mosca –; trata-se de uma disparidade fora do normal, que vai além das diferenças de personalidades. Nossos pensamentos, nossos ideais, nossa maneira de agir, de conduzir as coisas, de refletir sobre os acontecimentos; nossa opinião, nossos temperamentos são completamente diferentes. Nós estamos em mundos distintos. Não há nada entre mim e elas que comprove nosso vínculo de sangue. Somos praticamente seres criados em planetas separados, onde se respira outro tipo de ar e se come outra qualidade de alimento, isso é definitivo.

Eunice, minha irmã mais velha, sempre foi a mais problemática. Cheia de uma moral bem particular, a dona da razão, ela usa uma máscara para disfarçar sua insegurança e assim acha que convence as pessoas de que é durona. Já Patrícia, a do meio, é introspectiva, calada, mas, ao mesmo tempo, tem uma personalidade forte, ela sempre tenta intimidar as pessoas para se defender, está o tempo todo na defensiva. Eu não sei direito o porquê disso, mas ela é assim. Portanto, não mexa com Patrícia.

Enfim, diferenças à parte, formamos uma família comum, com seus altos e baixos, com problemas triviais e, também, não tão triviais assim; como família, somos iguais a qualquer grupo. É exatamente esse fato que me intriga. Claro que não tenho o pensamento utópico de que exista família perfeita, porém, a fantástica diferença de personalidades que há entre pessoas criadas em um mesmo ambiente, que receberam a mesma educação, é um fato curioso para mim.

Morávamos na mesma casa, fomos criados pelas mesmas pessoas, vimos – e copiamos – as mesmas atitudes, os mesmos comportamentos, então por que somos tão diferentes? Poderíamos, ao menos, ter condutas parecidas, ou então poderíamos ser um pouco mais unidos, mas não é assim que acontece. Não somos desse jeito, somos o contrário disso. Cada um de nós criou um mundo particular.

Em nossa cabeça, o que se passa nesse nosso mundinho é o que deve ser. Enfim, a natureza humana é uma coisa difícil de se assimilar, em se tratando de pessoas da mesma família, então, aí é que o caldo entorna. Família é uma coisa complicada, a intimidade gera situações que, muitas vezes, são embaraçosas e claramente não sabemos lidar com isso. Existem algumas regras que servem para conduzir a conduta familiar, mas, por debaixo dos panos, cada família tem seu próprio sistema de convivência e, na maioria das vezes, isso não é nada bom.

Apesar de todo o amor que eu e minhas irmãs recebemos de nossos pais, nós não sabemos lidar com esse sentimento que é amar. Simplesmente o descartamos e continuamos com nossas vidas, cada um para um lado, feliz ou não, caminhando pelas veredas de uma biografia parasita que nos engole veementemente sem que percebamos.

Causa-me estranheza que uma relação entre irmãos tenha se tornado essa coisa tão banal, é intrigante para mim, pois nossos pais nos mostraram algo totalmente diferente dessa frieza, mas transformamos a beleza do amor entre irmãos em coisa alguma, em um nada.

Parei de sofrer por causa disso. Agora sou uma mosca que percorre a vida, sem se incomodar com o rumo que as coisas tomam. Seja lá quais forem as escolhas de minhas irmãs, eu não me importo. Fiz minha opção, estou aqui no corpo de uma mosca, agora sou um ser inatingível, pronto para observar a vida, sem pudores.

Eunice e Patrícia que assumam seus desígnios, que tomem posse de suas próprias vidas. Estou aqui apenas com a missão de observar.

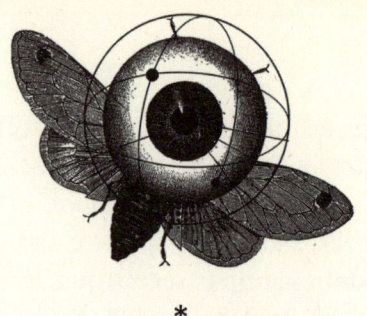

*

Sobrevoando o lar de minha irmã Patrícia, assisto a uma situação que me deixa estarrecido. Patrícia se casou recentemente. Ela conheceu seu noivo na igreja que nós três frequentamos por muito tempo. Armando é uma figura calma. Ele é tão quieto que mal se pode notar sua presença. Patrícia, com sua personalidade forte, escolheu Armando, o pacato, para se casar. Mas, é isso, Armando foi feito para Patrícia, pois, com toda a paciência do mundo, ele consegue administrar a histeria dela. Pobre Armando.

  É uma tarde de segunda-feira. Como dizem: o sol está a pino. Patrícia olha para o amontoado de roupa para passar, mas, sem ânimo, ela apenas observa essa imagem. O suor escorre por seu rosto, ela está imóvel sentada em frente à pilha de roupas, seu pensamento voa longe. Ela quer sair dali, mas não sabe como. Parece que foi picada por um inseto que introduziu em seu sangue um veneno daqueles que paralisa os músculos. Ela sabe que está ali, mas é como se não estivesse, ela não consegue se mexer, quer fugir de seu corpo, mas não consegue. Algo provoca um zumbido em seus ouvidos, sua mente está congelada. Armando e as crianças não estão em casa. Patrícia está sozinha e prisioneira. Ela quer sair dessa condição, mas não tem forças. A casa está abandonada; há utensílios espalhados por todo lugar, papel, roupas, latas, correspondência, tudo jogado pelo chão, por cima dos móveis, em toda parte. Há uma montanha de louça na pia para ser lavada, tem comida para todo lado, já cheira mal. Patrícia permanece imóvel. Ela não quer estar ali, mas não sabe como se livrar dessa vida que escolheu. Todo tipo de imaginação passa por sua mente. Ela começa a reviver os primeiros passos que a levaram ao estado em que se encontra; ela se recorda de quando conheceu Armando e do momento em que ele a pediu em namoro.

Tudo aconteceu em uma linda tarde de primavera. As flores colorem as ruas. Patrícia e Armando estão sentados na porta da igreja. A maioria das pessoas já saiu, pois o culto já terminou. Patrícia aguarda nossa mãe. Na calçada há um ipê amarelo cujas pétalas de algumas flores caem, delicadamente, sobre o casal. Armando, muito tímido, segura a mão de Patrícia e, com a outra mão, ele docemente leva o rosto dela ao encontro de seu olhar. Fixado em seus olhos e com a voz embasbacada, ele pergunta a Patrícia se ela aceita namorá-lo. Diferentemente do modo delicado de agir de seu pretendente, minha irmã, sem titubear, responde na mesma hora que sim.

Eu me pergunto: o que aconteceu que fez com que esse momento tão doce tenha se tornado, anos mais tarde, o pesadelo que é a vida de Patrícia? Agora, ela é prisioneira de uma vida estranha, uma vida que ela não imaginou que viveria. Posso perceber os tormentos que passam pela mente de minha irmã. Ela não sabe lidar com os frutos que colheu com suas escolhas, agora ela anseia fugir disso tudo. Mas, como? Ela sabe que não pode abandonar seu marido e, muito menos, seus filhos. Patrícia não quer decepcionar sua família. Ela tem medo. Medo do que as pessoas vão dizer se ela, simplesmente, sumir. Mas é o que ela quer. Ela deseja desaparecer por completo.

Se eu pudesse ajudá-la, mas infelizmente não posso, estou aqui em minha condição de inseto observador. Estou na privilegiada posição de quem vê e ouve tudo. Percorro até mesmo a mente das pessoas, não sei como tenho esse poder, mas posso enxergar até o que se passa dentro da cabeça delas; entretanto, há uma condição que está me deixando maluco, eu não tenho poder de interferir. Esse foi o trato. Sou capaz de ver a aflição de minha irmã submersa em uma vida vazia, sem motivação, sem perspectiva, sem esperança, mas não posso intervir. Eu não devia estar desesperado, afinal este foi o combinado: só observar, somente isso.

Patrícia habita, agora, em um lugar que a coloca na casta dos seres humanos inertes, é como se ela fosse um ser inanimado, sem vida própria, sem a capacidade de pensar por si mesma. Ela sente como se estivesse sendo punida por algo que não sabe direito o que é, e isso a deixa mais angustiada.

O que Patrícia não compreende é que essa vida que ela vive é fruto de suas escolhas, ela não percebe nem entende o tamanho de sua responsabilidade sobre isso tudo. Patrícia não tem ideia de que, há muito tempo, ela teve uma visão distorcida sobre o caminho certo para ela e decidiu seguir em frente, isso fez com que caísse em uma dessas armadilhas espalhadas pela vida. Ela não foi esperta o suficiente para perceber que estava entrando em uma cilada.

As crianças chegam da escola. Patrícia ainda está no mesmo lugar. A gritaria da criançada a acorda do transe. Ela levanta e começa a gritar com os filhos. Meus sobrinhos estão sendo apenas crianças, falando alto, estabanados, espalhafatosos, não há motivo para Patrícia agir dessa maneira. Mas Patrícia está tão saturada de tudo que não consegue separar as coisas, ela não alcança a lucidez de que é normal as crianças chegarem eufóricas da escola, isso é uma situação natural, mas sua reação é exagerada e ela grita com elas como uma maluca.

A agitação de meus sobrinhos me envolve completamente, o agito fez com que eu saísse de meu canto e voasse pela casa toda, indo de um cômodo a outro, compartilhando da felicidade deles. Mas fui interrompido pelos gritos de Patrícia, os quais me fizeram pousar em outro canto da casa e, de novo, olhar para a tragédia que a vida de minha irmã se tornou, não por obra do destino, mas porque ela assim o quis, mesmo sem saber.

Patrícia esbraveja ferozmente com os filhos: "Para o banheiro, agora! Todo mundo para o banho!", ordena. Como uma histérica, movendo-se de um lado para outro, ela pega uma coisa aqui, outra ali, tenta recolher as roupas espalhadas pela casa, ao mesmo tempo que se lamenta de tudo, aliás, isso é a única coisa que Patrícia sabe fazer: reclamar da vida. Eu voo ao redor dela querendo chamar sua atenção, tentando fazer com que ela olhe para mim e me ouça: "Pare com isso, Patrícia! Pare de ser tola! Não vê que quanto mais você grita, piores as coisas ficam? Tente se acalmar! As crianças não têm nada a ver com seus problemas!" Ela não me escuta, pelo contrário, me enxota dali como uma mosca qualquer. Sinto-me impotente.

É nesse momento que percebo que ficar só observando sem poder interferir não é tão satisfatório assim, pelo contrário, acabei me colocando em uma posição muito complicada. Ao mesmo tempo, quando eu era um irmão de carne e osso, para Patrícia eu era como uma mosca do mesmo jeito. Podia falar e falar e falar que não adiantava, não era ouvido. Qualquer coisa que eu dissesse era rechaçada.

Como em um jogo de beisebol, minhas palavras eram lançadas para bem longe em uma única tacada. Nunca houve diálogo, o que existia era uma relação estranha entre irmãos. Por muito tempo não entendia por que minha irmã me tratava daquela maneira, entretanto, com o passar dos anos, fui percebendo que ela tinha os motivos dela, motivos esses que, talvez, não fossem muito plausíveis, porém eram as razões dela.

Meus sobrinhos, sem entender por que sua mãe grita dessa maneira, acabam por lhe obedecer e, cabisbaixos, vão tomar banho. Enquanto isso, Patrícia continua sua luta interna, reclamando, esbravejando, externalizando toda a sua amargura.

Que vida desgraçada essa da minha irmã! Ela quer mais, porém não sabe como conseguir. O que aconteceu foi que Patrícia acabou se deixando levar pela maré social, ou seja, namorar, casar e ter filhos, e agora está arrependida. A sociedade dita as regras: case-se, tenha filhos, seja esposa, dona de casa; ajude seu marido, cuide dele, e nós, seres humanos comuns, acabamos seguindo esses códigos, sem saber direito se é isso mesmo que queremos. Patrícia caiu nessa emboscada.

Agora, minha irmã está perdida em uma floresta obscura e não há príncipe encantado que possa salvá-la, a única pessoa que pode fazer isso é ela mesma. Mas, como? Para ela não há solução. Eu também não posso ajudá-la; assim como ela, não sei como fazer isso.

Patrícia cavou esse fim para ela. Ela não ponderou, não planejou, não questionou. Ela se deixou levar pelos desígnios de uma vida social imposta; ela casou, teve filhos e não parou para pensar se era isso mesmo que queria. Agora ela quer sair dessa vida. Acho difícil, mas vamos ver no que isso vai dar.

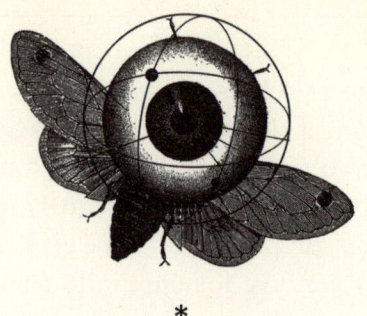

*

Voando pelas redondezas da vida familiar de Eunice, vejo que a situação não é muito diferente.

Eunice está a todo vapor. Agitada, corre para cá, corre para lá. Faz isso, faz aquilo. Dedicada à vida religiosa, ela passa a maior parte do tempo na igreja. Ela acumulou diversas funções dentro do templo e isso toma a maior parte de seu tempo. Daqui de cima, do canto da parede, o que vejo é uma pessoa que precisa preencher seu tempo com qualquer coisa. Como se quisesse fugir de si mesma, Eunice se entulha de obrigações. Ela se dedica a várias coisas ao mesmo tempo: ao trabalho, seja qual for, de maneira incontida; à igreja, também de modo exacerbado; às pessoas que ela julga serem seus amigos; enfim, não existe foco nem sobra tempo para si mesma. Não há Eunice.

Houve uma época em que ela cuidava da casa com tanta dedicação que tudo precisava estar impecavelmente limpo. Se o almoço não estivesse à mesa na hora certa; se a louça não estivesse lavada; se cada canto da casa não fosse varrido, era a morte. Foi quando, de uma hora para outra, Eunice trocou de vida. Toda essa coisa de arrumação de casa e de servir marido e filhos, isso não tinha mais significado para ela. Ela precisava de algo novo para preencher seu tempo, então passou a frequentar uma igreja. O marido reclamou, os filhos resmungaram, porém ela colocou na cabeça que era aquilo que tinha de fazer e se entregou à igreja.

Os líderes do templo, por sua vez, não acharam ruim quando encontraram em minha irmã uma serva dedicada. Eunice passou a ficar a maior parte de seu tempo na congregação, envolvendo-se em cada atividade; preparando-se para crescer hierarquicamente. Suas atribuições aumentam a cada dia e ela passa a deixar ainda mais a família de lado. A igreja faz parte dela agora, está embrenhada nela.

Sobrevoando esse mundo, o que vejo me preocupa. As pessoas são manipuladas em função dos anseios pessoais dos líderes. Minha irmã age de forma tão submissa que não percebe que está sendo conduzida ao fracasso em prol do crescimento financeiro de poucos.

Um dia desses, eu estava no canto do teto perto de onde o Mediador prega aos discípulos. O culto ainda não havia começado. As pessoas estavam chegando e se acomodavam nas cadeiras arrumadas para a plateia. Notei que Eunice não estava lá ainda, então voei pelas dependências do templo à procura de minha irmã. Uma luz refletia, estava vindo de uma sala no final do corredor, fui até o local e encontrei Eunice e a Mediadora que ia pregar naquela noite. O cenário não demonstrava nada de anormal, porém, quando pousei sobre uma das paredes e pude observar melhor o que estava acontecendo, percebi que as circunstâncias não eram tão naturais assim. A Mediadora, com um ar superior, se debruçava sobre a palavra do dia; enquanto isso, Eunice preparava o chá com bolo e torradas para servi-la. Elas conversavam normalmente, contudo, estranhei, porque Eunice mantinha uma postura serviçal. Claro que é natural que se tenha um respeito pelo Mediador, mas há uma diferença entre respeito e subserviência. Subserviência era o que Eunice estava praticando com sua Mediadora. Minha irmã pedia conselhos sobre sua vida familiar. A Mediadora fazia questão de ajudá-la com seus aconselhamentos. Conselhos esses que não me pareciam muito prudentes ou bons para ser seguidos, mas quem sou eu para falar alguma coisa? Aliás, na atual conjuntura, eu, como mosca, não posso, nem consigo, interferir no cotidiano das pessoas. Apenas observo os acontecimentos. Acabo ficando indignado com isso, sentimento inútil, já que neste momento não tenho poderes para intervir em qualquer situação que se apresente a mim. A submissão de Eunice é ultrajante, nossa mãe não nos criou para acabarmos sendo serviçais. Tenho certeza, ela queria que fôssemos independentes, cheios de nós mesmos, crescidos, espertos, bem-sucedidos. Mas, minha irmã se largou, deixou-se levar por falsas promessas, vendeu-se por um lugar no paraíso.

Ambas estavam ali, a Mediadora e minha irmã, naquela pequena sala, conversando sobre os problemas de Eunice: "Eunice, o que você precisa fazer é trazer sua irmã aqui para que ela passe pelo processo de se libertar dos pecados. Ela precisa se livrar de todas as coisas que ela tenha feito de errado para poder começar a ter uma vida melhor e se relacionar de forma mais adequada com você e com a família". Eunice se queixava de nossa irmã. Ela não se conforma com a vida que Patrícia está levando, acha que está tudo errado, que Patrícia não está agindo direito com o marido, com os filhos, que ela abandonou a casa, etc. Interessante é que Eunice notou tudo isso na vida de nossa irmã Patrícia, porém não percebeu que sua própria vida também está bagunçada, que ela também abandonou a família, o marido, os filhos, que está presa a uma religião que dá em troca de receber. Eunice não enxerga que está sendo explorada em nome de Deus. A Mediadora, dentro de sua esperteza, ouve as queixas de minha irmã e lança seu conselho para consertar a vida de Patrícia, porém, mesmo vendo que Eunice também tem uma vida atribulada, não a aconselha para que ela viva melhor. Minha irmã, por sua vez, diz à Mediadora que vai tentar trazer Patrícia para a igreja, para ela se livrar de seus pecados. "Ela está precisando mesmo, ela tem de sair urgentemente dessa vida que está levando", replica Eunice. Nessa hora, voei aturdido pelos quatro cantos da sala, zangado, perplexo com aquilo que eu estava ouvindo. Duas personagens com as próprias vidas fracassadas. Minha irmã com um imenso vazio dentro de si, que necessitava se apegar a algo externo para não lidar consigo mesma. A Mediadora fingindo ter uma vida perfeita porque, afinal, ela é casada com o Principal e, nesse caso, eles têm obrigação de serem prósperos e felizes. Entretanto, olhando mais a fundo, as coisas não são bem assim. O Principal tem um sorriso largo, faz o tipo gente boa, amigável, ele tem o mesmo estereótipo de um político. Em seu terno engomado, ele aparenta um político daqueles bem trapaceiros, aqueles que sorriem pela frente e fazem pouco caso por trás. Ao lado da esposa é o típico marido exemplar, amoroso, carinhoso, faz tudo por ela, mas a realidade é outra. O Principal, na verdade, é um belo de um *bon vivant*, torrando o dinheiro da igreja em farras homéricas. A figura de um marido dedicado se desfaz quando ele se reúne, ao final do dia, com seus companheiros de trabalho. Antes de ir para casa, o Principal se entrega às tentações que se intensificam ao anoitecer. Quando cai a noite, ele se sente bem à vontade. Entre gargalhadas e mulheres com roupas mínimas, desfruta de bebidas e regalias ao lado de seus amigos de farra.

Ninguém é capaz de reconhecê-lo; toda aquela pompa, aquele sorriso forçado, aquele ar de bom esposo desaparecem e, nessa hora, o que vemos é um sujeito beberrão e farrista.

Antes de a farra acabar, o Principal se despede dos amigos, dá um tempo para se recompor, deixa o ambiente para tirar o cheiro de devassidão que está impregnado à sua roupa. É preciso que ele saia com certa antecedência para se livrar dos vestígios que o entregariam à sua esposa. A Mediadora o espera em casa certa de que vai receber um marido cansado do trabalho que ela irá cuidar carinhosamente. Ela não desconfia de que seu marido está andando por ruas que escondem segredos obscuros, ela não tem ideia desse lado obsceno de seu puro e sagrado esposo. O Principal chega a sua casa cansado. A Mediadora o ajuda a tirar o paletó, sussurrando doces palavras em seus ouvidos: "Passou bem o dia, meu amor?" "Sim, passei." "Quer que eu prepare um chazinho antes de servirmos o jantar?" "Eu quero. Estou muito cansado. Trabalhei demais hoje. Fui a uma reunião e as pessoas que estavam participando cheiravam a cigarro. Eu odeio cigarros! Imagine só que eles queriam beber na reunião! Tratava-se de um encontro de almoço, mas, você sabe, não é meu amor? Eu odeio bebidas alcóolicas!" "Eu sei, meu amor. Deus nos ensinou que não devemos beber, é um absurdo essas pessoas que enchem a cara e depois ficam por aí cambaleando, fazendo coisas que 'Deus nos livre!'. Ainda bem que eu tenho um marido especial, que não se mete com essas coisas", a Mediadora responde carinhosamente. "É verdade, meu anjo, é verdade", completa o Principal.

A dissimulação é absurda. O Principal não finge apenas para sua esposa, obviamente ele se faz de bom moço para os membros da igreja também. Prega uma coisa e faz outra completamente diferente, mas induz os fiéis a fazer aquilo que ele fala que é certo. Em parte, os devotos obedecem. Na verdade, os fiéis também vacilam, e muito. Existe aí uma tremenda contradição: tanto os líderes da igreja como as pessoas que frequentam o templo não agem conforme as regras que eles mesmos pregam. Eles dizem que seguem o Livro Sagrado, porém o que eu vejo quando sobrevoo esses lugares é algo divergente daquilo que é ensinado nas linhas sagradas. Eles pregam o amor, mas tratam com discriminação as pessoas que não seguem os mesmos preceitos que eles. Pregam a fidelidade, mas traem. Disseminam a verdade, contudo mentem. Propõem a honestidade, porém se envolvem em processos ilícitos. Isso tudo acontece com muita naturalidade, é como se pensassem assim: uma coisa é a igreja, outra coisa é minha vida. Eles não notam que estão se contradizendo.

Minha irmã Eunice não foge à regra. Para ela, o fato de estar na igreja cumprindo as ordens de seus líderes espirituais basta. Mas ela não olha para sua própria vida.

É difícil para mim, agora, nessa condição de inseto, ver tudo isso e não poder intervir. Mas, pensando bem, o que eu poderia fazer se estivesse na pele de homem de novo? Do mesmo modo, não ia poder fazer nada. Por mais que eu gritasse aos sete ventos: "Eunice, você está sendo manipulada! Saia dessa armadilha!", ela não me ouviria, de qualquer maneira eu seria como um insignificante inseto cujo zumbido produzido pelo batimento de minhas asas seria a única coisa que Eunice ouviria.

É estranha essa condição em que me encontro. Ao mesmo tempo que posso sobrevoar diferentes ambientes, ouvir diversos tipos de conversa, assistir a situações distintas, estou impotente. Não consigo reagir, não posso participar. Estou imobilizado em meu corpo de díptero braquícero. Entretanto, tenho pensamentos, continuo raciocinando como animal bípede da ordem dos primatas, percebo as coisas como um ser humano comum.

Não pedi para ser assim. Ou pedi? Talvez tenha rogado, sim, por isso. Talvez eu tenha querido ser um inseto para poder assistir a tudo de longe, sem me afetar. Mas não é o que está acontecendo. Sou meio mosca, meio homem. Como mosca, sobrevoo pelo cotidiano das pessoas, mas o lado humano ainda resta em mim, ele faz com que eu queira interferir, faz com que eu tenha reações, sentimentos, ainda sofro as consequências da vida humana. Agora, parece que estou preso nesse corpo de inseto, quero sair e dizer o que penso, quero reagir, mas não posso.

    A vida segue. Patrícia em sua condição inerte. Cheia de nada. Eunice sobrevivendo. A igreja prosperando. E eu sobrevoando pelas circunstâncias inerentes ao cotidiano de quando era gente.

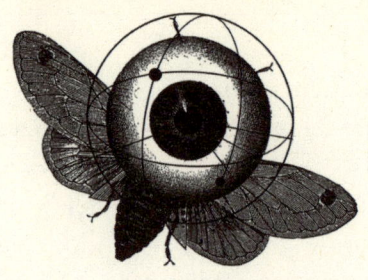

*

Para Patrícia, eu também sou insignificante. Mas, é claro, sou uma mosca, ela não tem motivos para me dar atenção. Aliás, Patrícia mal consegue dar atenção para si mesma, por que ela focaria em uma mosca no canto da sala? É isso, aqui estou eu no canto da sala da casa de minha irmã Patrícia. Na expectativa de que algo houvesse mudado; sobrevoo loucamente os ambientes da residência, mas percebo que tudo continua igual. Minha irmã permanece inerte perante a vida. Ela criou uma defesa e se fechou para os acontecimentos que a cercam. Agitados, meus sobrinhos correm de um lado para o outro, brincando, gritando, perturbando. Meu cunhado tenta controlar a situação, esbravejando com as crianças ao mesmo tempo que recolhe os objetos espalhados pela casa. Ele troca algumas palavras com Patrícia, mas ela não responde. De tão envolvido com aquela situação, meu cunhado não percebe que sua esposa não está reagindo. O fato é que Armando também está em certo estágio de inércia: embora pareça mais dinâmico, ele está adormecido, tanto que não consegue atinar para o estado de paralisação em que minha irmã se encontra. Ele se acostumou com a situação, talvez não queira enxergar o fracasso que é sua vida. Tenho a impressão de que Armando vê que as coisas não estão bem, que sua esposa está insatisfeita, que sua vida não é exatamente o que pensava que seria, entretanto, ele fecha os olhos para a realidade para não ter o trabalho de se movimentar e mudar a situação.

    Estou desesperado. Ver minha irmã dessa maneira me incomoda. Meu desejo é sacudir seus ombros, é dar-lhe um tapa na cara, é fazer com que ela reaja. Mas estou impotente. Patrícia tem de sair dessa situação sozinha. Mas ela não quer. Ela desistiu de lutar, abdicou da vida. Deixou que essa rotina sem graça e patética tomasse conta da vida dela. Ela não almeja mudança, não deseja outra condição. Patrícia renunciou.

Minha cabeça parece que vai explodir. Estou voando de um canto a outro, desesperado para fazer alguma coisa. Não adianta. Quantas vezes vou ter de dizer a mim mesmo que não posso? Minha agonia é inútil.

Se ao menos ela se unisse a Eunice e a suas aventuras religiosas. Mas, do que adiantaria? Ambas estão na mesma inércia, não importa que uma vive trancafiada em casa e a outra trancafiada na igreja, as duas são prisioneiras de um sentimento que tomou conta de suas almas, o sentimento de anulação. Elas se dissolveram, cada uma em seu próprio mundo, um mundo sem sentido, um mundo onde não há nada.

Na igreja, Eunice trabalha de modo incessante para que tudo funcione perfeitamente bem. O "camarim" da Mediadora abastecido. O púlpito com a água e as anotações dos recados que a Mediadora deve anunciar. As cadeiras em que os membros irão se sentar estão alinhadas. Tudo está em ordem. Agora é hora de cuidar da parte administrativa. Eunice senta em frente ao computador e começa a analisar as contas e separar o dinheiro do culto anterior. Minha irmã não percebe, mas a igreja é como se fosse um emprego para ela, um trabalho comum, como qualquer outro em uma empresa convencional. Ela preenche seu tempo com atividades corriqueiras, porém, em sua cabeça, esse trabalho é "abençoado", para minha irmã ela está a serviço do Senhor.

Enquanto isso, os chamados "Chefes Espirituais", que são os líderes da igreja, estão usufruindo dos benefícios que o cargo lhes proporciona. Eles seguem com suas vidas enriquecidas, mas não são ricos no sentido espiritual, são endinheirados. Eles vivem bem financeiramente, com uma vida abastada e cheia de mordomias.

Certo domingo, um dia comum, Eunice já estava agitada, envolvida com os afazeres da igreja. Eu a observava do canto da sala, às vezes pousava nos restos do café da manhã, expostos na mesa, enquanto Eunice corria para fazer o almoço e assar o pão que iria levar para ser vendido após o culto. Ela mal consegue interagir com seus filhos. O celular toca. Ao mesmo tempo que Eunice corre de um lado para o outro na cozinha, ela tenta responder às mensagens em seu celular. É um membro da igreja que precisa de consolo, pois está passando por dificuldades. Eunice repete em voz alta a resposta que está dando para essa pessoa: "Olá, Sandra, tudo o que você está passando é consequência de seus próprios atos. Você anda fazendo coisas que não agradam a Deus, por isso é que está sofrendo. Você não tem ido à igreja e quer que Deus a ajude, isso não vai acontecer. Volte para o Senhor e, aí sim, ele vai ajudá-la. Dê seu dízimo à igreja e, aí sim, Deus vai ajudá-la. Mas, se você ficar fora da igreja, não comparecer aos cultos, não fizer parte das atividades, vai cair e é o que está acontecendo agora, não adianta reclamar. Eu quero ajudá-la, mas, se você não fizer sua parte, não vai adiantar". Tudo o que aquela pessoa precisava era de uma palavra de consolo, porém, o que ela obteve em troca foram palavras duras e desnecessárias. Foi-lhe imposta uma condição absurda e exclusivista. Eu não acredito no que estou vendo, não posso acreditar no que minha irmã se transformou, parece até que ela sofreu uma lavagem cerebral.

É assim que os membros da igreja são tratados. São impostas regras particulares, mas que levam a assinatura de Deus. Os membros devem seguir essas normas à risca, se não fizerem isso é como se um raio caísse em suas cabeças. Segundo a ideia de prosperidade pregada nas igrejas como essa que minha irmã frequenta, o indivíduo só tem resultados positivos se estiver debaixo das regras impostas, se der seu dízimo à igreja, se fizer parte da hierarquia, se participar religiosamente de todas as atividades criadas pela congregação.

Houve um tempo em que nada disso ocorria. Quando eu era criança e minha mãe me pegava pelas mãos e me levava à igreja no domingo de manhã era uma alegria. Aos domingos, todos nós acordávamos cedo e vestíamos nossa melhor roupa. Quando eu ouvia o barulho da movimentação de minha mãe na cozinha, aquele som era um incentivo para mim, pulava da cama e corria para vê-la. Ela logo ordenava: "Vá se arrumar". E eu ia feliz da vida vestir minha roupa que já estava passada; penteava o cabelo e ia tomar o café da manhã com toda a minha família. Então, partíamos para a igrejinha que ficava perto de casa, mais ou menos uns 20 minutos de caminhada. Agora, recordando-me disso, não consigo me lembrar de um dia sequer que estivesse nublado ou chuvoso. Naquele momento, para mim, todos os dias eram ensolarados. A felicidade tomava conta de mim, aquele momento refletia em mim uma completa satisfação.

Quando chegávamos ao templo, pequeno, porém aconchegante, era tudo uma perfeita festa. Os irmãos se cumprimentavam alegres, havia sempre um que ficava na porta dando as boas-vindas a todos que chegavam, sempre com um sorriso no rosto, era verdadeiramente convidativo, eu desejava entrar porque toda aquela situação era extremamente agradável e receptiva.

Existia um protocolo a ser seguido, não era nada perturbador, eram apenas normas simples para que se cumprissem os compromissos da manhã. As palavras do pastor eram doces, ele dava os recados, recolhia as ofertas e abria a escola dominical. Cada turma se dirigia a uma sala de acordo com a idade, local onde aprendíamos os assuntos que permeiam os capítulos bíblicos.

Naquela época não havia essa pressão que se vê hoje, não existia essa conversa de que se você não cumprisse as regras da igreja sua vida seria uma desgraça. Não havia ameaças.

Assistindo à vida religiosa de minha irmã Eunice, o que vejo é que tudo parece estar debaixo de uma condição: "Se você me der isso, eu lhe dou aquilo". Como se Deus tivesse colocado esse requisito.

Ao celular, Eunice punha um peso nas costas daquela moça e, pior, ela tentava convencê-la de que a pobre moça tinha de fazer o que os líderes da igreja diziam, caso contrário a coisa ia ficar feia para o lado dela. Era quase uma ameaça. Ela não falava de amor, de compaixão, ela arrazoava sobre condicionamento.

Agora, como mosca, sobrevoando os cantos dessa estranha igreja, posso ver coisas que as pessoas que estão lá dentro não veem porque estão muito próximas e envolvidas emocionalmente. Vejo a distância, vejo de fora, como se estivesse assistindo a um filme. Quem está participando da atuação não consegue perceber o que acontece, porque está com sua mente envolta no ato em si, por isso não consegue enxergar os fatos de maneira límpida, não alcançando a situação como um todo.

E o que vejo não é nada agradável, pois se trata de uma realidade manipuladora. Tenho me deparado com pessoas sendo conduzidas como zumbis a fazerem o que um único indivíduo deseja que elas façam. O pior de tudo nessa causa é que minha irmã

Eunice faz parte, parece estar completamente dominada por essas pessoas que se dizem religiosas, ela acredita piamente no que elas falam e copia suas atitudes, disseminando um discurso que nem ela mesma compreende. O mais triste disso tudo é que estou impotente, não consigo agir, pois agora sou um reles inseto que apenas observa a vida alheia, sem dar palpite. Se ao menos eu não sofresse, a questão é que não dá para não sofrer assistindo a todas essas coisas, agora sofro em dobro porque sou um completo inútil nesse corpo de mosca patética.

A tarde chega e Eunice corre para chegar a tempo no primeiro culto. Carrega todas as parafernálias que serão usadas na lanchonete mais as doações destinadas ao bazar. Chegando ao templo, ela corre levando todas as coisas nos braços, fala com um, fala com outro, algumas pessoas a chamam, mas ela ignora e corre para o camarim da Mediadora que já está lá aguardando para ser servida. Ao mesmo tempo que arruma o lanche da Mediadora, Eunice se justifica: "Perdoe-me, Mediadora! Eu saí de casa atrasada, meu filho estava com o carro, então eu tive de vir de ônibus, mas fiz o possível para chegar antes de começar o culto e, graças a Deus, consegui. Aqui está seu chá". A Mediadora, com um ar de desaprovação, comenta: "Eunice, você está cansada de saber que nós não admitimos atrasos, o culto já vai começar e eu nem vou poder fazer uma refeição decente. Espero que isso não se repita, em hipótese alguma! Fui clara?" "Sim, senhora! A senhora foi muito clara. Pode ficar tranquila que isso não vai mais se repetir", responde Eunice.

A Mediadora é chamada ao púlpito e dá início à pregação. Com seu discurso habitualmente hipócrita, ela começa contando sobre sua vida antes lasciva, mas agora, após aceitar Nosso Senhor Jesus Cristo como seu único Salvador, sua vida é tão imaculada quanto a da mais pura virgem. As palavras saem de sua boca como música para o público, elas são como consolo para as pessoas que se sentam naquelas cadeiras buscando um alívio para suas vidas cheias de problemas. Ao ouvirem que a Mediadora já teve uma vida desregrada, os membros se sentem confortados e passam a aceitar a si mesmos, pois, ao entrarem ali, naquele templo, eles vão em busca de uma solução para todas as coisas erradas que fizeram. Ali eles têm a sensação de que são pessoas decentes, que não fazem nada inapropriado, ou, se reconhecem que fazem, acreditam que são capazes de mudar, porque seu chefe espiritual está dizendo isso, ele está dando seu testemunho, dizendo: "Eu mudei".

Do canto da igreja, observo os olhares de arrependimento, mas, ao mesmo tempo, vejo expressões de ânimo, rostos cheios de esperança, acreditando naquilo que estão ouvindo. O poder de persuasão da Mediadora é impressionante. Ela consegue convencer as pessoas de que viveu um passado obscuro, cheio de erros e pecados e que agora ela não peca mais, agora sua vida é regrada de virtudes e bondade.

Então, ela recorre ao Livro Sagrado para dar embasamento às suas palavras e lá ela encontra passagens bíblicas que justificam sua pregação, que dizem que é possível a pessoa se redimir e transformar sua vida em um piscar de olhos. À medida que a Mediadora eleva sua voz, todos gritam "amém" com uma euforia quase pueril. Uns pulam, outros estendem as mãos em direção à Mediadora com o intuito de receber a bênção de ser uma nova criatura.

Os membros se empolgam com a pregação. A Mediadora parte finalmente para o objetivo do culto. Todo culto é planejado pelo chefe espiritual máximo da igreja, todos os cultos, em todas as unidades, seguem um roteiro previamente preparado. O discurso começa a alargar-se pelos caminhos da prosperidade. As pessoas se sentem motivadas e acreditam que tudo pode mudar em suas vidas. Há uma forte vibração no ar. Minha irmã está perto da parede na lateral do templo. Ela e mais algumas pessoas estendem suas mãos em direção à Mediadora como se estivessem enviando um raio de energia. Daqui do canto da parede, perto do teto, posso sentir as ondas vibratórias que emanam de todas as partes. Tenho a sensação de que o teto vai cair. Por mais que as palavras que saem da boca daquela Mediadora pareçam falsas, ela alcança as pessoas e, todos juntos, movimentam a energia do lugar. A impressão que dá é de que Jesus vai descer em uma nuvem e vai abençoar todos os presentes com o toque de suas mãos.

Passado o furor daquele momento, chega o instante da unção. As pessoas se deslocam até a frente e todos os oficiais da igreja as ungem mediante uma forte oração proveniente da Mediadora. O louvor se inicia. Os membros da igreja que se dirigem à frente têm um aspecto de zumbis. Eles se arrastam cabisbaixos até o local onde serão ungidos; suas pernas parecem pesar mais que seus corpos. A impressão é de que estão carregando o mundo nas costas. Vão em direção à unção, a bendita unção, que, em suas cabeças, vai resolver todos os problemas, até aqueles que parecem impossíveis de serem solucionados. Eles acreditam que, como em um passe de mágica, as dificuldades que enfrentam sumirão da face da Terra. O louvor se espalha pelo ambiente, os corpos sacolejam de um lado para o outro. O líquido é derramado sobre a cabeça das pessoas. Outros membros apenas assistem. O tom de voz da Mediadora cresce. Seu timbre emite um som de compaixão, seus olhos estão fechados, suas mãos estão levantadas. Quando todos são ungidos, o som do louvor começa a ficar mais baixo e as pessoas vão retornando aos seus lugares. A essa altura, a Mediadora já está falando com aquela voz rouca, quase imitando o timbre da esposa do chefe da igreja, que tem uma rouquidão peculiar.

O momento fica mais calmo, a igreja não parece mais sacolejar.

Não posso negar que houve uma movimentação energética aqui. Não devo fechar meus olhos para esse acontecimento, quase sobrenatural. Por mais que eu perceba que tudo não passa de manipulação, tenho de reconhecer que, quando a Mediadora alterava a voz e os oficiais do louvor conduziam o volume da música, uma força tomava conta desse lugar e as pessoas se jogavam nessa sensação de euforia e se deixavam levar por aquele momento. Para elas, aquela agitação toda é a representação da presença do Espírito Santo. Talvez essas pessoas tenham razão em se deixarem envolver dessa maneira, afinal, no próprio livro que elas seguem está escrito que "onde dois ou mais estiverem reunidos em meu nome, eu estarei entre vós". Quem pode contrariar? Do canto da parede, pude ver o que se passava com as pessoas e experimentar a vibração que pairava no ar. Senti as paredes tremerem, fiquei estarrecido com tudo aquilo; fiquei sem reação, mal conseguia me mexer.

A palavra é finalizada. As pessoas se movimentam pelo templo, umas estão na lanchonete, outras fazem compras no bazar. Elas riem e conversam como se nada tivesse acontecido.

Eu sobrevoo todo o espaço, de um lado para o outro, inquieto, querendo saber o que as pessoas acharam daquilo tudo, como elas se sentem agora que a Mediadora encerrou o culto. Minha decepção é tamanha quando o que vejo e ouço são conversas corriqueiras, para ser mais exato é um burburinho sem fim. O que corre pelas bocas daquelas pessoas é a mais pura e autêntica fofoca. O que meus delicados ouvidos escutam é apenas um diz que diz, é um falando mal do outro sem dó nem piedade. Mas o que aconteceu com aquele momento sublime ocorrido há apenas alguns minutos? O que houve com o Espírito Santo? Onde Ele está agora? "Espírito Santo! Espírito Santo! Onde estás?" Em vão, minha mente tenta se comunicar com Ele. Se o Espírito Santo esteve aqui pouco tempo atrás, é certo que não está mais. Sua força deu lugar às infâmias agora proferidas pelas mesmas pessoas que há alguns minutos sucumbiam à Sua presença. Talvez a Mediadora tenha o poder de fazer com que os membros dessa igreja entrem em transe. É isso! Será? Não sei dizer. Não tenho condições de explicar esse fenômeno. Posso apenas comprovar o que vi, e o que eu vi foram pessoas entregues a alguma coisa que eu não sei direito o que é. Talvez não fosse o Espírito Santo, pode ser que tenha sido algum tipo de força energética movida por um desejo coletivo, não tenho certeza, mas o que ocorreu nesse templo durante o culto foi muito intenso, pena que agora toda aquela energia se foi.

    A Mediadora conversa com alguns membros. Ela é sorridente, procura dar atenção a todos. Sua voz é suave, seu olhar acalentador. As pessoas se aglomeram para chegar perto dela, para receber uma bênção, para ouvir um consolo ou para, simplesmente, estar perto de sua chefe espiritual. A impressão que dá é de que essa gente vê a Mediadora como se ela fosse Moisés, Davi, Salomão, Pedro ou Paulo, Ruth, Maria, ou até mesmo o próprio Jesus. Ela é idolatrada. Não é apenas uma mulher que tem a função de liderar uma igreja ajudando seus membros com palavras de conforto. Não. Para esses indivíduos, essa mulher é mais do que uma pessoa, ela é um anjo enviado do céu no sentido literal, é como se ela fosse um superstar do rock, aquele ser inatingível. Aquele ídolo que você queria tanto estar perto, mas só pode vê-lo pela TV. É assim que as pessoas que frequentam essa igreja veem sua Mediadora. Eles depositam toda a sua esperança nessa mulher, eles têm convicção de que se ela falar: "Entrará um dinheiro na sua conta", isso verdadeiramente vai acontecer. Se ela disser: "Você vai receber um carro de presente de seu vizinho", você vai ter esse presente, assim, do nada, caído do céu. Os membros dessa igreja acreditam fielmente em seus líderes, chegam à beira da ingenuidade, mas, se a Mediadora ou outro chefe espiritual profetizou, o milagre vai acontecer. É assim que eles pensam.

O mais interessante disso tudo é que eles acham isso, que o milagre vai acontecer em suas vidas, de maneira natural; está subentendido que eles não precisam fazer nada. Não precisam mudar seu comportamento, não precisam ser humildes, não precisam parar de falar mal da vida alheia. Eles acham que podem continuar vivendo sua vida do jeito que ela é, sem mudar coisa alguma. Pensam assim porque é assim que lhes é pregado. Há uma evidenciação no ter, porém o ser é deixado um pouco de lado. Não que não seja pregado que não se deve pecar, o que ocorre é que isso é dito de uma forma superficial, a prosperidade vem em primeiro lugar e para ser próspero é preciso dar seu dinheiro à igreja, ou melhor, ao "Senhor".

Assistindo a tudo daqui de cima, vejo que as pessoas são facilmente manipuladas. Tenho a impressão de que elas querem isso, parece que essas pessoas se deixam levar de propósito. Talvez seja porque suas vidas estão tão destruídas que é melhor se deixar levar por outra pessoa, fazer de conta que essa outra pessoa tem o poder de mudar tudo, de fazer com que todos os problemas desapareçam. As dificuldades estão impregnadas no cotidiano da maioria daqueles que frequentam essa igreja. Esses indivíduos só aparecem aqui porque estão na pior, quando perdem a esperança e acham que não vão conseguir sair sozinhos da confusão em que se meteram.

O burburinho continua. Conversa vai, conversa vem e todos estão satisfeitos e felizes. Minha irmã corre de um lado para o outro, organizando tudo o que vê pela frente. Ela percorre todos os ambientes do templo em um piscar de olhos, arrumando aqui e ali. Enquanto faz isso, ela tenta dar atenção para as pessoas que a procuram para conversar, mas essa missão se torna quase impossível, uma vez que Eunice quer fazer tudo ao mesmo tempo, até que uma senhora a segura pelos braços e diz: "O culto de hoje foi maravilhoso! Eu nem tenho palavras para descrever a emoção que senti. Pude sentir a presença do Espírito Santo de Deus! Ele desceu neste lugar! Ele me tocou e eu flutuei nas nuvens recebendo Sua benção!" Ainda meio atordoada por ter sido pega de surpresa, Eunice responde de maneira curta: "Que bom, irmã! Que bom! Sim o Espírito Santo... sim...", e tenta se esgueirar sem que a mulher perceba.

Ela acha que a mulher não está em sã consciência, mas não pode desmoralizá-la ou envergonhá-la na frente das pessoas. A igreja ainda está cheia e os membros observam os acontecimentos. A Mediadora também assiste a tudo, mas fica de braços cruzados, pior do que isso: ela se esquiva sorrateiramente, enquanto as pessoas estão com a atenção voltada para minha irmã.

Eunice se esforça para fugir da mulher. A senhora só queria falar com ela, mas minha irmã não dá a mínima atenção, então a estranha senhora vai embora, deixando todos abismados, inclusive Eunice, que permanece estática; atônita com tudo aquilo.

Quando Eunice cai em si, a primeira pessoa que ela procura não está mais lá. A Mediadora está camuflada em seu camarim, protegida, ilesa e indiferente. "Onde está a Mediadora?", pergunta Eunice. Alguém fala que ela está nos fundos da igreja: "Acho que ela foi para a sala dela". Eunice sai em disparada para a sala da Mediadora, achando que ela estava lá o tempo todo e que não viu tudo o que aconteceu.

Mas eu sei que a Mediadora viu tudo, ela assistiu até onde podia e, quando percebeu que a situação estava fugindo do controle, se escondeu, fugiu covardemente porque sabia que não saberia lidar com aquela circunstância. O mais impressionante é que só eu consigo ver isso, só eu sei que a Mediadora escapou de suas responsabilidades como um guaxinim foge do lobo. Os membros da igreja comentam sobre o acontecido e o que eu ouço é estarrecedor. Não há compaixão por aquela mulher, ninguém olha para ela como uma pessoa que precisa de ajuda, ao contrário, as pessoas a classificam como louca. Elas se sentem indignadas em ter um membro na igreja capaz de ter aquele tipo de atitude. Cochicham pelos cantos agredindo com palavras a tal mulher. Falam por suas costas e a discriminam, até mesmo xingam a pobre coitada.

Inconformado com essa situação, sobrevoo o salão da igreja, de um canto a outro, desloco-me tão rápido que o zumbido de minhas próprias asas é ensurdecedor. Não posso acreditar que essas pessoas estão agindo dessa maneira. Onde está a compaixão? Aqui não é um templo religioso no qual, teoricamente, deveria haver pessoas amorosas e compassivas? Não é aqui que as pessoas vêm em busca de ajuda? Não é aqui, em um lugar onde dizem que o Espírito Santo de Deus reina, que se deve mostrar preocupação com o outro? Que se deve ser solidário? De um modo contraditório, cuja explicação é quase impossível de ser dada, vejo que as pessoas daqui não agem de acordo com os princípios básicos que a religião delas prega. É estranho porque, quando você observa de longe sem se envolver, vê claramente que essas pessoas, que se intitulam religiosas, têm atitudes inversas àquelas que se esperam de um indivíduo cristão. É quase como se todas elas, sem exceção, tivessem uma vida dupla. Essas pessoas acabam de viver um momento de elevação espiritual, eu vi, eu senti uma coisa diferente quando a estranha Mediadora pregava naquele altar; ainda não sei explicar direito o que aconteceu alguns instantes atrás, só sei que comecei a imaginar que tudo aquilo tinha sentido, que valia a pena todas aquelas pessoas estarem nessa igreja, que Deus realmente tinha estado nesse lugar. Mas essas mesmas pessoas, que presenciaram a mesma coisa que eu, agora se comportam de maneira dura, incoerente, desprezível.

Eunice vai para o camarim da Mediadora. Chegando lá, a Mediadora está, calmamente, terminando de degustar seu chá da tarde, deliciando-se com o último pedaço do bolo feito por Eunice. Minha irmã chega alvoroçada: "Mediadora! Mediadora! A senhora viu o que aconteceu lá no salão? Aquela senhora que nós sempre achamos meio maluca me pegou para conversar. Foi constrangedor! A senhora viu? Viu?" E a Mediadora, com a cara mais lavada, diz que não viu nada. Eunice fica meio desconcertada, porque tinha certeza de que ela estava no salão quando tudo aconteceu, mas, mesmo assim, conta com detalhes o que havia acontecido.

A Mediadora ouve tudo com atenção, e então diz para minha irmã que ela não devia ter dado atenção para aquela mulher, que ela fez errado em ficar ali ouvindo o que a senhora tinha a dizer e completa dizendo que Eunice expôs a igreja, envergonhou seus líderes na frente de todo mundo. Eunice fica atarantada com o que a Mediadora está dizendo e tenta se defender. "Mas, mas, eu não tive escolha! Como eu poderia ter deixado a mulher lá falando sozinha? Aí sim é que as pessoas iriam estranhar...", argumenta Eunice. A Mediadora rebate com uma fala nada honesta: "Eunice, não me contrarie, o que eu estou querendo dizer é que você não está preparada para lidar com certas situações que ocorrem na igreja, você não está preparada para lidar com as pessoas". Eunice fica inconformada e arrisca mais uma vez se proteger das acusações sem fundamento da Mediadora: "Mas, Mediadora, a senhora não estava lá, então, não viu como a mulher me abordou. Eu não tive como sair da situação".

Não houve argumento que fizesse a Mediadora mudar de opinião, ela manteve sua postura de acusar Eunice como responsável pelos acontecimentos e encerrou a conversa.

A igreja foi se esvaziando. Todos foram embora, inclusive a Mediadora. Eunice foi a última a sair. Ela fecha o templo e, inconsolável, vai para casa. Ela não se conforma com o fato de a Mediadora tê-la acusado de causar tumulto dentro do templo. Ela não teve culpa. Como a Mediadora pôde fazer aquilo?

Eu quase posso sentir sua decepção. Mas isso logo passa, no caminho de casa os sentimentos dentro do coração de Eunice vão se acalmando. É como se houvesse um anjinho falando ao seu ouvido: "Acalme-se. Não se esqueça de que você tem de respeitar seus líderes espirituais. A Mediadora estava certa, acate o que ela disse para que você seja bem-sucedida em tudo o que você se propuser a fazer". Não sei se posso chamar essa vozinha nos ouvidos de minha irmã de anjo, talvez seja o belzebu, fazendo com que ela se mantenha obediente.

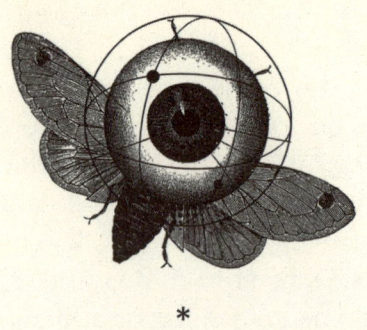

*

Indo no sentido contrário ao de Eunice, a Mediadora dirige até sua imponente residência em um dos bairros mais chiques da cidade. Ela chega à sua casa onde não há mais ninguém além de seu cão. Ela aproveita para relaxar. Antes de acender as luzes, ela tira toda a roupa, deixando as peças espalhadas pelo caminho que leva a seu quarto. Sobre seu corpo há apenas uma calcinha vermelha, algo bem provocativo, do tipo que você não imagina que uma Mediadora usaria. Ela coloca uma música e inicia uma dança sensual. Ela não quer saber de mais nada, esvazia-se de tudo o que está ao seu redor, é como se estivesse em outra dimensão, em um lugar vazio, onde somente ela se sobressai. Sua imaginação vai longe, ela pode ver luzes coloridas que brilham em volta dela. Passando a mão em seus cabelos, com os olhos fechados, sentindo cada movimento, ela dança lentamente. Exalando sensualidade, ela se deixa levar pela música.

De um modo que eu não consigo explicar, tenho o poder de saber o que as pessoas estão pensando. Posso ouvir os pensamentos delas, posso até sentir sua dor. Com essa mulher religiosa que está, agora, aqui, na privacidade de seu lar, dançando de maneira sensual, não é diferente. Posso alcançar seus pensamentos mais íntimos e o que me é revelado me deixa bastante incomodado.

Essa mulher, que tem a função de líder em uma igreja, que foi uma pessoa escolhida para aconselhar, direcionar, ajudar diferentes famílias, essa mesma mulher está se mostrando ser a pessoa mais egoísta que eu já vi na minha vida.

O que a levou a se soltar e dançar de maneira sensual, atitude completamente contrária àquilo que ela mesma prega, foi a satisfação em ter demonstrado seu poder sobre minha irmã Eunice. Há um sentimento de orgulho, misturado à sensação de poder. Quando a Mediadora repreendeu minha irmã, ela sabia que podia dominá-la, ela sabe exatamente quais são os pontos fracos de Eunice, então, explora isso, pisando na pessoa que está ali para fazer tudo o que ela deseja. Essa sensação de poder sobre outra pessoa é quase afrodisíaca para a Mediadora. Ela adora humilhar Eunice. Ela ri por dentro quando faz isso. "Sua burra! Você é uma idiota. Faz tudo o que eu lhe peço e não percebe que eu estou apenas explorando você. Como pode ser tão imbecil?" Eu quase posso ouvir a risada interna da Mediadora enquanto ela se satisfaz com esses pensamentos doentios. Sua dança é uma mistura de ódio e prazer. Essa é a verdadeira mulher que está por trás da imagem de líder religiosa. Essa é a pessoa que a Mediadora é. Ela explora seu lado dominador por trás da capa de boas intenções que a igreja tem.

Todo mundo tem absoluta certeza de que os chefes da igreja têm uma vida sagrada, que eles resolvem todos os problemas, que verdadeiramente Deus está com eles. Isto é quase uma lei: se está dentro da igreja, é uma boa pessoa. Será que só eu vejo que as coisas não são bem assim? Daqui do alto tudo parece tão claro. Okay. As pessoas não estão no meu lugar. Elas não são uma mosca observadora. Não conseguem penetrar os pensamentos, na verdade, até eu mesmo me surpreendi quando descobri que tinha esse dom. Será que todas as moscas têm esse poder? Ou essa dádiva é exclusiva? Enfim, o fato é que eu consigo ver os contrassensos desse bizarro cotidiano religioso. Mas eles parecem tão óbvios! Não posso acreditar que os membros dessa igreja não veem tais contradições.

Não adianta ficar batendo nessa tecla. A realidade é que a Mediadora não é nada daquilo que ela diz ser e isso me deixa furioso, não sei se irado com a atitude dela ou se com a inércia de minha irmã. Bando de atrasados! Como podem se deixar levar tão facilmente por uma conversinha qualquer?

Lá está ela, com sua dança íntima e prazerosa, com seu contentamento despudorado. Ela ouve um carro se aproximando da garagem, é seu marido chegando, então rapidamente ela veste seu roupão, acende as luzes, desliga o som e aguarda o esposo.

Suado e com a aparência de cansado, o Principal a cumprimenta friamente: "Oi". A Mediadora estranha seu jeito frio e questiona: "O que houve? Por que você está tão calado? Aconteceu alguma coisa na igreja?" O Principal, então, responde: "O que houve é que eu estou de saco cheio! Eu não aguento mais ter de seguir as ordens do Senhor Soberano! Quero ter minha independência. A gente fica babando nos pés dele, faz tudo o que ele manda e quem fica rico é ele, não a gente". Surpreendentemente, a Mediadora concorda com o que seu marido acaba de dizer: "Eu sempre lhe disse isso. Nós temos de parar de ser idiotas; temos de reagir; chutar o pau da barraca e passar a perna no Senhor Soberano". E ela continua com um discurso que eu jamais poderia estar preparado para ouvir: "Hoje mesmo, mais uma vez, eu fiz com que a Eunice parecesse uma idiota. Eu a humilhei; acabei com ela, e ela saiu pianinho de minha sala feito uma retardada que não consegue se defender nem de uma mosca. E é assim que o Senhor Soberano trata a gente, do mesmo jeito; nós somos marionetes nas mãos dele e isso tem de acabar! A igreja pode nos proporcionar muita riqueza, aquelas pessoas são tolas o suficiente para dar todo o seu dinheiro a quem souber levá-las. Nós sabemos como fazer; sabemos como induzir aquela gente a nos dar todo o seu dinheiro". O Principal se sente acalorado com o apoio da esposa e a abraça fortemente, sussurrando em seu ouvido: "Nós vamos dar um jeito nisso, querida, vamos sim".

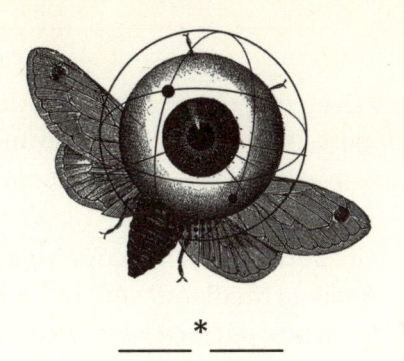

Sem imaginar o que se passa na casa da Mediadora e de seu idolatrado Principal, Eunice chega a sua residência. O sentimento de tristeza e decepção que tomou conta dela quando a Mediadora a repreendeu já se foi. Eunice respira fundo e começa a se envolver com seus afazeres.

Uma pessoa manda uma mensagem para ela, é uma amiga da igreja, que presenciou toda a confusão ocorrida logo depois do término do culto: "Eunice, aquela mulher é maluca, você agiu bem. Eu vi que a Mediadora não gostou nada do que aconteceu, mas não foi culpa sua". Sentindo-se confortada, Eunice responde: "É... Eu sei! Não tive culpa por aquela doida ter surtado. A Mediadora foi dura comigo, fiquei chateada na hora, mas, já passou. Não se preocupe". As duas se despedem, mas aquela mensagem reacendeu o sentimento de revolta em Eunice. Ela tenta reprimir a indignação que sentiu quando a Mediadora a censurou, porém esse sentimento a consome, ela quer gritar, quer ligar para a Mediadora e dizer: "Você é maluca! Eu não tive culpa!" Mas Eunice se contém. O problema disso é que seus sentimentos estão sendo sufocados, ela sente uma coisa, mas quer sentir outra, então rejeita toda a emoção contrária àquilo que ela pensa que é certo.

Eunice está se massacrando. Ela está se afogando em um mar de sentimentos ambíguos. Isso não é bom. Daqui de cima vejo o desespero em sua feição. Eu queria muito ajudá-la, mas não posso; somente ela mesma pode sair dessa situação; ela precisa perceber e entender o que se passa em sua cabeça para daí, então, racionalizar e controlar suas emoções. Eunice precisa fazer o que é certo, o que é melhor para ela, mas ela tem um defeito muito grave: Eunice tem a necessidade de agradar e esse tipo de comportamento acaba com qualquer pessoa. Infelizmente, ela precisa satisfazer o outro para ser aceita e Eunice não percebe que isso a está levando para o buraco, para a cratera da anulação. Se ela soubesse o quanto esse tipo de atitude é nocivo...

Minha irmã engole seco suas emoções e parte imediatamente para atender ao chamado da Mediadora em seu celular. A mensagem diz que é para Eunice se encontrar com ela no dia seguinte, às 16 horas, no templo da sagrada igreja. Eunice responde prontamente que estará lá, sem falta. Nesse momento, eu apenas acompanho os gestos de Eunice que vão ficando cada vez mais lentos por causa da sonolência que toma conta de seu corpo. Ela adormece em sua cama, meio sentada, meio deitada, com uma montoeira de papéis em sua volta. Ao se sentar na cama, sua intenção era resolver centenas de coisas antes de dormir, porém, ela não foi capaz, pois estava demasiadamente cansada para isso.

O ritmo de vida de minha irmã é sempre muito intenso; esse modo de viver é o jeito que ela encontrou para não ter de encarar a si mesma, não ter de enxergar seus defeitos ou, até mesmo, ter de lidar com suas qualidades. Eunice faz isso porque qualquer resquício de si mesma pode fazer com que as pessoas não se agradem, então ela prefere se esconder atrás de milhões de atividades, pois assim, não terá tempo para si.

No dia seguinte, a rotina de Eunice não é muito diferente. O corre-corre prevalece, ela se envolve com diversas coisas, tudo ao mesmo tempo. Ela mal consegue se comunicar com as pessoas que a procuram. Muita gente entra em contato com minha irmã diariamente, na maioria das vezes, ou em sua totalidade, é para lhe pedir um favor ou, então, para passar alguma responsabilidade, coisas que as próprias pessoas deveriam fazer, mas, como Eunice absorve todos os problemas dos outros ou todas as tarefas alheias, as pessoas se aproveitam disso e acabam buscando por ela quando querem se livrar de algo. É claro que isso só acontece porque minha irmã permite. É um círculo, mas que acaba por suprir a carência de Eunice. Por fim, acho tudo isso um absurdo, mas é assim que minha irmã se sente bem, então, por que eu me preocupo?

Dormi bem, aqui no canto do quarto. Tive uma noite maravilhosa, apesar de tudo que vi ontem. Acho que essa é mais uma capacidade sobrenatural que absorvi depois que virei mosca. Estou pronto para mais um dia de observação pura e consciente. Não me esqueci de que a Mediadora marcou para se encontrar com minha irmã hoje à tarde. Estou tão ansioso que não consigo parar de voar de um lado para o outro. Já me alimentei das migalhas do café da manhã, até fui enxotado por minha irmã, que, por um momento de lucidez, saiu do transe em que se encontrava por causa das centenas de atividades que a envolviam e sacudiu as mãos para que eu não pousasse na comida. Graças a Deus que a mira dela não foi muito boa, e ainda bem que sou muito rápido, minhas asas velozes me salvaram de levar um safanão.

Conversa vai, conversa vem, Eunice tenta responder a todas as mensagens que chegam ao seu celular. A comida continua exposta na mesa, a casa permanece do jeito que estava há 30 dias. Eunice não liga mais para manter sua casa de um jeito considerado razoável para habitação. O chão não vê um pano úmido há meses, a louça está amontoada na pia, os alimentos estão espalhados por toda parte. Meus sobrinhos também não estão preocupados em manter a casa arrumada, o que vejo é uma situação de abandono. Renúncia de si mesma, rejeição daquilo que é natural e que faz bem. O retrato dessa situação externa é refletido no interior de Eunice. É assim que ela se sente por dentro, suja, desarrumada, desajeitada, incapaz de querer ser melhor; do mesmo modo que ela não tem mais ânimo para arrumar sua casa, ela não tem mais energia para cuidar de si. Essa é a condição de Eunice. É nesse patamar que ela se encontra, em um estado de total renúncia.

A tarde vai chegando. Eunice começa a se arrumar para ir à igreja se encontrar com a Mediadora. Estou nervoso. Preciso saber o que aquela mulher quer com minha irmã. Está claro que ela vai humilhar Eunice. Ela tem prazer nisso. Mas o que ela quer efetivamente com minha irmã? Ela vai fazer um daqueles pedidos absurdos? Tipo: "Vai limpar o chão que eu piso!"? Ela vai querer que Eunice a sirva, como sempre, tratando-a como rainha? Mas isso não é novidade. "Vamos, Eunice! Vamos! Vá logo se arrumar! Sua Mediadora a espera!"

Quando fico ansioso, não consigo me controlar, acabo voando de um lado para o outro; saio da casa; entro de novo, não há um lugar que eu pouse e sossegue, não tem nenhum espaço para eu repousar minha aflição. Minhas asas batem freneticamente, o zumbido que elas fazem perturba Eunice. Ela tenta me enxotar. "Pare de se preocupar comigo, Eunice! Eu sou um reles mosquito que não vai fazer mal nenhum a você. Você tem de se preocupar com as intenções de sua chefe. É com ela que deve tomar cuidado, talvez seja ela que você necessite enxotar de sua vida. É muito provável que a Mediadora seja mais nociva do que eu. Não entendo por que um simples zumbido do bater de minhas asas a incomoda tanto; há outro tipo de zunido com o qual você deveria inquietar-se: aquele que a falsidade difunde pelos quatro cantos das paredes, só você não percebe. Será que sua ingenuidade atingiu um patamar que a deixou cega? Será que algum dia vai conseguir perceber o que faz mal de verdade a você? Esqueça-se de mim, Eunice! Vá para seu compromisso, mas vá de olhos bem abertos porque essa história de você se deixar manipular para se esconder de si mesma já deu o que tinha de dar. Está na hora de você reagir, Eunice. Reaja!"

Finalmente, ela sai de casa. Vou de carona, camuflado no teto do carro, Eunice não nota minha presença. Há tanta coisa em sua cabeça que ela não nota nada, como iria perceber uma mosquinha no teto de seu carro? Com a feição de uma pessoa transtornada, ela dirige em alta velocidade, parece que o mundo está acabando, que Jesus está voltando, como eles dizem; não sei, o que sei é que minha irmã anda bastante perturbada. Fico agoniado, daqui de longe não posso fazer nada, apenas observar.

Por que Eunice deixou que sua vida chegasse a esse ponto? Eu não entendo. Nossos pais eram pessoas tranquilas, serenas, apesar de toda dificuldade que muitas vezes enfrentaram, eles sabiam passar tranquilidade para seus filhos. Minha mãe tinha a voz suave, seu vozear penetrava em nossa alma, era confortante. Era uma senhora muito distinta, andava sempre com um sorriso no rosto e estava continuamente disposta a ajudar a quem precisasse de apoio. Já meu pai era mais carrancudo, porém era um senhor plácido; apesar de falar de modo mais duro, ele era afetuoso e, assim como minha mãe, estava sempre pronto a fazer o que fosse preciso para ajudar as pessoas. Além disso, meus pais eram pessoas sensatas. Tudo era muito bem pensado e ponderado; em casa não se tomava uma decisão sem antes colocar todos os prós e os contras na balança. Eu nem sabia o que era equilíbrio, entretanto, a vida calma que eles levavam fazia com que eu os admirasse. Não tinha ideia da sabedoria que meus pais tinham, eu não entendia nada disso, de clareza, de modéstia, de prudência, mas eu os admirava. Por isso não entendo o porquê de minhas duas irmãs serem tão malucas. Elas levam uma vida completamente diferente da de nossos pais. São ansiosas, desorientadas, perdidas em uma história sem sentido. É como se elas não fossem da mesma família, como se elas não tivessem sido criadas pelos Damasco. Mas são minhas irmãs, são sangue do meu sangue, porém são completamente diferentes de mim. Não que eu tenha sido o filho perfeito, mas a essência de meus pais anda comigo lado a lado, posso até vê-los ao meu lado em cada situação de minha vida, eles foram, e ainda são, um exemplo para mim; eu não podia, de maneira nenhuma, jogar fora tudo o que aprendi com eles: a luta, a força, a dignidade, todas as coisas boas que os dois se esforçaram em passar para mim e para minhas irmãs. Agora, o que elas fazem? Elas jogam tudo isso fora. Seguem um caminho completamente adverso àquele que meus pais confiaram a nós. Nós os decepcionamos. Minhas lágrimas escorrem por minha face quando penso nisso. Por que seguimos cursos tão distintos? Por que abandonamos nossos pais? Simplesmente nos esquecemos das lições tão valiosas. Perdemos o ponto, tomamos rumos idiotas; transformamos nossas vidas no caos e, ao mesmo tempo, em nada.

Quem me dera se minhas irmãs me ouvissem! Poderíamos resgatar nossa dignidade. Mas a realidade é outra, não tenho o poder de mudar o curso das coisas; hoje, minha irmã Eunice está indo se encontrar com sua Mediadora para, mais uma vez, ser submissa, ser humilhada. O pior é que não há nada de novo nessa situação, Eunice está cumprindo com sua rotina. A Mediadora chama, ela vai; a Mediadora manda, ela faz; a Mediadora grita, ela abaixa a cabeça, e assim vai.

Enfim, Eunice chega ao templo. Mal posso esperar para ver o que a Mediadora quer com ela. Meu cérebro está a mil, pensando sobre os motivos que a fizeram chamar Eunice, principalmente assim, dessa maneira incomum, como uma reunião extraordinária.

Como não consegue ficar parada, Eunice começa a arrumar o templo. Arruma as cadeiras, verifica os banheiros, enquanto isso faz um café, tudo ao mesmo tempo, como é característico dela. A Mediadora está atrasada. Minha irmã aproveita para ver umas coisas na internet. Outro atributo dela é o de se conectar excessivamente nas redes sociais. Eunice não vive sem isso, é até meio absurdo, mas, assim como o restante das coisas com as quais ela se envolve, as redes sociais não poderiam ficar para trás, isso também é tratado de um jeito exacerbado, ela não percebe que está exagerando, quando a gente menos espera, está mergulhada em alguma coisa de tal modo que ninguém é capaz de tirá-la de lá, do local onde ela se mete para fugir de sua vida real e verdadeira.

A Mediadora finalmente chega ao templo. O ruído dos saltos de seus sapatos se chocando contra o assoalhado é ensurdecedor para mim. Por que ela está tão nervosa? Por que caminha desse jeito brusco? Eunice já está à sua espera no camarim: "Olá, Mediadora! Está tudo bem?" Ela olha para Eunice com uma cara de poucos amigos e responde: "Está sim, está tudo bem". Eunice silencia e continua a preparar o café. A Mediadora começa a olhar a papelada e senta em frente ao computador: "Eunice, onde está o arquivo de controle das ofertas?" "Está na pasta Finanças", responde. Então a Mediadora se cala novamente e começa a verificar o tal arquivo. As duas permanecem em total silêncio, se eu voar agora elas poderão ouvir o ruído de minhas asas batendo. Uma faz o café. A outra está compenetrada analisando o arquivo que contém o relatório de todo o dinheiro que entra na igreja por meio das ofertas. Por que ela está interessada nisso? Ela sempre deixou esse serviço administrativo nas mãos de Eunice, agora, sem justificativa, insiste em ver os arquivos? Tudo isso é muito estranho.

Depois de certo tempo, ela resolve falar: "Eunice, vamos fazer o seguinte com isso, eu trouxe umas notas aqui e você vai contabilizar isso como despesas da igreja, esse dinheiro você separa e vai guardando. Além disso, todas as vezes que formos recolher as ofertas você também separa uma quantia, vamos estabelecer aqui 20%, okay?". Espantada, Eunice questiona: "Mas... como eu vou fazer isso? Isso não está certo! E se vierem me perguntar alguma coisa? O que eu faço?" O pavor na feição de Eunice é nítido. Pudera, nós sempre fomos muito honestos, nossa família sempre honrou seus compromissos, nunca atrasávamos os pagamentos das contas, nossos pais nos ensinaram a sermos pessoas decentes. Apesar de Eunice ter uma vida desregrada, ela é correta, até então ela nunca tinha passado a perna em ninguém, no máximo dava um calote aqui, outro ali, mas é porque ela tem o dom da desorganização financeira, é só isso. Agora a Mediadora vem com essa proposta imoral. Não. Eunice não quer saber dessas coisas, porém a Mediadora insiste: "Eunice, deixe de bobagem! Sou sua líder! Faça o que estou mandando! Você não deve me questionar, apenas cumpra com minhas ordens e ponto final". Minha irmã está chocada, suas pernas tremem como vara verde, seu coração está disparado. O que ela vai fazer? Ela não pode descumprir uma ordem de sua chefe espiritual, mas, ao mesmo tempo, ela sabe que deve fazer a coisa certa, e o que a Mediadora está propondo não é nada correto.

Eunice está sem saída. Na verdade, se fosse outra pessoa, jogaria na cara da Mediadora um belo de um não e iria embora imediatamente. Mas, Eunice, não. Ela não consegue fazer isso porque se sente dominada pela Mediadora. Essa ordem da Mediadora criou um conflito interno em minha irmã, agora ela luta com ela mesma, não sabe ela continua a seguir as ordens da Mediadora ou se recusa a fazer o que ela está sugerindo. Eunice não consegue quebrar as regras da hierarquia que a igreja impõe sobre seus membros. Ela está quase hipnotizada por essas pessoas que se intitulam decentes, mas têm um comportamento completamente adverso ao que chamamos de decência. Estou aqui assistindo a tudo isso indignado com o titubear de minha irmã. Como assim, ela ainda está pensando no que vai fazer? Rejeite logo essa determinação da Mediadora e saia correndo deste lugar! É isso que você tem de fazer, Eunice!

Pois minha irmã não ouve meu clamor. Ela não me escuta e, em um momento de insensatez, acaba concordando com a Mediadora, dizendo que vai fazer tudo o que ela está pedindo. Estou chocado, mal consigo me movimentar, estou paralisado, tamanho é meu desapontamento com minha própria irmã. Como ela pôde ter feito um negócio desses? Minha vontade é de gritar: "Sua idiota! Olhe a besteira que você está fazendo!" Quero que ela ouça meus apelos, quero que Eunice se recorde dos ensinamentos de nossos pais, meu desejo é que ela caia em si, volte a ser aquela doce criatura de quando éramos crianças. Eunice tinha uma aparência suave, seus traços eram delicados, sua atitude carinhosa. Era uma menina meiga. Não entendo como ela pôde se transformar nessa pessoa que estou vendo agora. Por que ela deixou seus valores de lado? Quais foram os motivos que a levaram a ser essa mulher submissa, a virar escrava de suas próprias emoções?

A Mediadora, agora, tem um sorriso no rosto, ela sorri para que Eunice se sinta melhor. A Mediadora conhece os pontos fracos de minha irmã, ela sabe que Eunice precisa da aprovação das pessoas para se sentir bem, então, depois que minha irmã concordou em executar a podre tarefa, solicitada da forma mais direta e descarada que eu já vi, ela procura agradar Eunice com um sorrisinho de aprovação. Para completar, a Mediadora discursa sobre elas estarem politicamente corretas: "Ah bom, Eunice, por um momento achei que você não ia fazer o que estou lhe pedindo, nem sei o que eu faria se isso acontecesse. O que quero, Eunice, é que você, assim como eu, tenha uma vida boa, minha vontade é que você possa comprar tudo o que quiser, nós merecemos ter uma vida rica. Não esquente sua cabeça com os membros que estão doando dinheiro para a igreja. O que você tem de colocar na sua cabeça é que nós não os obrigamos a fazer isso, eles doam espontaneamente seus bens à congregação, fazem esse tipo de coisa porque querem, Eunice, por isso, não se preocupe, você não está fazendo nada errado", finaliza.

Enfim, Eunice aceita fazer o trabalho sujo que a Mediadora lhe pediu. Por mais contraditório que pareça, ela está feliz agora; tem uma sensação de alívio porque está realizando a vontade de sua chefe espiritual. Não importa o quão obscena seja a tarefa, o que é relevante para ela é a satisfação de sua chefe.

Essa Mediadora é muito esperta, sempre terá minha irmã em suas mãos, ela poderá contar com a obediência de Eunice sempre, ela sabe manipular seus sentimentos, sabe direitinho onde Eunice pode vacilar.

Minha reação a tudo isso é de choque, estou pasmado com a atitude de Eunice. Já sabia que ela era insegura, já tinha conhecimento das fraquezas dela, mas, lá no fundo, achava que havia um resquício de lucidez em sua mente, imaginava que minha irmã ainda tinha dentro de si os ensinamentos de nossos pais, a moral, os hábitos, os impecáveis exemplos que eles nos deixaram. Pensava que Eunice tinha guardado tudo isso em seu coração, mas estava enganado. Agora estou aqui, decepcionado, sem poder fazer nada a respeito. Sinto-me arrasado e impotente.

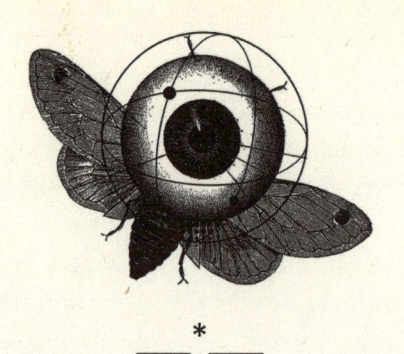

Será que há consolo na outra parte da família? Será que Patrícia conserva a essência de nossos pais? Pelo pouco que já vi, não. Patrícia desistiu da vida e isso é uma coisa que nossos pais jamais fariam. Eles eram pessoas vibrantes, decididas, dedicadas, mesmo quando estavam bem velhinhos, tinham uma vivacidade de dar inveja. Jamais desistiriam de qualquer coisa, sempre imbuídos de muito ânimo. Nossos pais iam adiante e enfrentavam os problemas com um belo sorriso no rosto.

Às vezes tenho a impressão de que Patrícia, Eunice e eu não pertencemos à mesma família; somos tão diferentes. Minhas duas irmãs estão se afundando em suas vidas patéticas e massacrantes e não percebem isso. A ideia de que crescemos juntos, de que fomos criados pelas mesmas pessoas, com os mesmos valores não me parece mais plausível. De repente, as duas seguem um caminho ridículo, levam uma vida grotesca, sem graça, sem futuro e ignorante. Essa realidade é jogada em minha face e agora eu estou aqui observando a vida delas. Uma vida medíocre. Não era para ser desse jeito, elas deveriam ter uma trajetória mais digna, mas, infelizmente, não, elas não têm.

Agora que me dei conta de que Patrícia não está em casa. Onde ela está? Finalmente resolveu sair um pouco? Criou coragem? Resgatou o fôlego?

Espere um pouco, tem alguma coisa errada. Meu cunhado está meio atordoado. A sogra de minha irmã está aqui também? O que será que ela veio fazer? Estão todos aqui, a família inteira. O que está acontecendo?

"Não. Ela não atendeu o celular. Eu já tentei várias vezes!", explica Armando.

Patrícia está desaparecida? Como assim? Para onde ela foi? Onde ela está? Nesse momento meu coração dispara. Minha irmã não pode ter sumido. Vou procurá-la! Imediatamente saio em disparada atrás de minha irmã. Não posso gritar. Quero gritar o mais alto que consigo, mas não posso; minha condição não me permite; entretanto, posso voar e é isso que eu faço, percorro os lugares mais próximos à casa de Patrícia à procura dela. Sobrevoo todos os espaços possíveis e os imagináveis também. Onde ela está? Estou desesperado e exausto. É melhor eu voltar para a casa dela para ver se eles têm alguma notícia.

Armando está descontrolado. As pessoas buscam confortá-lo, mas ele está inconsolável. As crianças estão tristes em um canto da sala, elas sabem que uma coisa muito grave está acontecendo. A casa está mais cheia, alguns vizinhos também estão por aqui. Todos falam baixo, cochicham pelos cantos. Os olhares transmitem desesperança. Desesperança? Sim, isso mesmo, desesperança. Não consigo ver ânimo nessas pessoas, não enxergo sequer uma ponta de solidariedade, essas pessoas parecem estar aqui para assistir de camarote a mais uma desgraça, e essa é das boas, porque elas podem ver de perto o infortúnio alheio. Como se fossem vampiros, essa gente suga a energia do outro. Elas chupam o sangue que sai das feridas no pescoço no momento de mais fraqueza da pessoa. Parecem urubus em cima da carniça. "Saiam daqui, seus urubus! Calem suas bocas podres e saiam daqui imediatamente!" Infelizmente, elas não podem me ouvir. Eu quero enxotá-las daqui, mas não consigo. Meu Deus, me ajude!

Não há notícia de Patrícia, não há nenhuma novidade. A polícia já foi chamada. Pessoas de todos os cantos estão chegando, até reportagem tem na porta. Mas o que é isso? Que circo é esse? Minha irmã está desaparecida e parece que eu estou assistindo a um show de rock. Não consigo me concentrar em nada. Não sei o que fazer, preciso encontrar Patrícia, quero fazer alguma coisa, mas não consigo, infelizmente sou mais impotente do que essas patéticas pessoas que estão aqui.

Meu Deus! O que pode ter acontecido à minha irmã? Onde ela está? Não posso ficar parado aqui! Vou sair de novo e encontrar Patrícia! Nunca vi minhas asas baterem tão rápido assim, de novo, saio por aí olhando para todos os lados, chamando internamente minha querida irmã. Isso não pode estar acontecendo. É inacreditável! A vida de Patrícia já era digna de pena, agora, com essa tragédia acontecendo, fica mais doloroso pensar no triste rumo que sua história tomou. Ela já não era feliz, o que mais pode ter acontecido com Patrícia? Quem consegue aguentar tanta desventura?

Enquanto percorro os caminhos por onde, porventura, eu encontre minha irmã, um pensamento ruim passa por minha cabeça. Tento evitá-lo, mas algo me impede. Eu não consigo parar de pensar no pior, fico imaginando se Patrícia entrou em desespero e se matou. Não é algo impossível de se conceber, a vida dela estava em um ponto que, talvez, a levasse a desistir de tudo. Não! Não quero pensar nisso! Tenho de pensar em outra coisa! Meu Deus me ajude! Tenho de continuar minha busca sem esses pensamentos detestáveis! Não permita que eu perca a esperança de encontrar minha irmã, a salvo, bem, que eu possa vê-la retomar sua vida, com alegria, sendo amada, sendo amparada por sua linda família. Meu cunhado sempre foi uma ótima pessoa. Ele sempre fez de tudo para ajudar Patrícia a superar seus conflitos. Ele a apoiou a vida toda. Eu olhava para a vida dos dois e pensava: minha irmã teve muita sorte de encontrar uma pessoa como o Armando. Ele a ama. Pobre Armando, está sofrendo muito nesse momento agoniante. Quem dera eu pudesse confortar seu coração! Mas, não posso, eu mesmo não estou sendo capaz de enfrentar tudo isso, mal consigo raciocinar, meu coração está apertado, estou desolado. Gostaria de privar meu cunhado de tudo isso, queria poder afastar essas pessoas nefastas, elas só fazem piorar a situação, apenas contribuem para aumentar o sofrimento com seus cheiros de calamidade impregnados em suas peles. Não precisamos de gente assim ao nosso lado, queremos pessoas que se importem conosco de verdade, que tragam paz e tranquilidade nesse período difícil. Precisamos de amor, principalmente nesse momento, carecemos de uma ajuda autêntica e incondicional, não de mau agouro. Minha irmã está desaparecida, ninguém sabe onde ela está; já faz mais de 48 horas que ela sumiu. Eu, agora, sou um inseto, não tenho muito que fazer, infelizmente. Meu cunhado e meus sobrinhos estão desolados, eu queria, ao menos, poder confortar o coração deles. Meu desejo é que a dor de um sofrimento como esse não os atinja, mas esse meu anseio é vão. Eles sofrem. E muito.

Minha cabeça está a mil, estou com um pressentimento nada bom. Não é o mesmo sentimento que as pessoas que aqui se encontram têm com relação a toda essa situação, elas querem ver a desgraça aumentar, estão aqui à espera de uma notícia pior. Querem morte. Meus sentimentos têm base nas coisas que vi; no jeito que Patrícia estava se comportando; na maneira como ela estava conduzindo sua vida. Patrícia havia desistido de viver, só não tinha concretizado isso se utilizando de um artifício covarde que é o suicídio, mas ela já não vivia mais aqui. É como se não existisse mais ar em seus pulmões, como se ela tivesse parado de respirar, tivesse se tornado uma escultura de gesso. Por isso meus pensamentos me atormentam. Por essa razão é que estou desesperado. Não estou conseguindo ser otimista. Pensamentos cheios de esperança estão longe de minha mente agora. O que se passa por minha cabeça é que tudo pode ficar pior. Patrícia já estava no fundo do poço, ela mesma já tinha "acabado" com sua vida; era nítido aos olhos de quem quisesse enxergar de verdade que ela não tinha mais razão para continuar vivendo. Como posso ter esperança? Mas eu queria tanto poder esperar algo melhor, um final feliz, talvez.

Quanto mais o tempo passa, mais o desespero toma conta de mim, não só de mim, mas também de todas as pessoas que realmente se importam com Patrícia. Olho para o Armando e para as crianças e vejo uma família extremamente aflita. Os olhos de Armando transmitem total desconsolo e medo. Ao lado de sua mãe, muito aflito, ele desabafa: "Mãe, o que será de mim sem a Patrícia? Como os meninos e eu poderemos viver sem ela? Não me conformo com tudo isso que está acontecendo. Por favor, mãe, me ajude, traga minha esposa de volta". A mãe não sabe o que dizer para confortar o filho. Posso ver em sua face o mesmo martírio que eu estou passando, querendo muito fazer com que eles não sofram, mas é uma missão impossível. Se ao menos eu pudesse proferir algumas palavras de consolo para Armando, mas não posso, sou uma insignificante mosca, não tenho poderes para abraçar, não consigo me expressar, não posso... Não posso fazer nada. Nessa condição de inseto, minha capacidade se limita a observar. Sou um mero observador. Foi isso que desejei para mim? Era isso mesmo que eu queria? Ficar aqui do alto assistindo a tudo sem poder ter contato com o mundo? Estou largado. Ninguém liga para a mosca que passa. Normalmente, as moscas são afugentadas, elas representam tudo o que é asqueroso e desprezível. Ninguém deixa uma mosca pousar em si ou em alguma coisa que esteja por perto. As pessoas vão logo sacudindo as mãos para que saíamos voando para bem longe. Ninguém estende a mão para uma mosca como faz para uma borboleta pousar nela. Não. Nós, as *Brachyceras*, somos seres detestáveis. Se as pessoas soubessem que eu sou uma mosca diferente... Tenho um coração, tenho sentimentos; penso sobre as coisas, como qualquer ser humano, mas, agora, estou no corpo de uma mosca. Em algum momento de minha vida eu quis isso para mim. Desejei ser uma mosca. Quis isso para poder assistir à vida sem ter de interagir. Queria ser um espectador invisível, eu pretendia acompanhar a vida como em um espetáculo, apenas olhando, apenas sentindo, até mesmo vivendo meus dramas como os dos atores, porém sem fazer parte da realidade humana.

Agora estou aqui, impotente, totalmente paralisado diante do desaparecimento de minha irmã. Ninguém pode suavizar meu sofrimento. Eu também não sou capaz de amenizar a dor de ninguém. Diante disso, faço o que posso. Posso voar à procura de Patrícia, e é isso que vou fazer de novo.

Nem sei descrever meu sentimento enquanto procuro por minha irmã. Meu desejo de encontrá-la é tão intenso que mal cabe em meu peito, mas, ao mesmo tempo, esse sentimento se choca com o maldito pressentimento de que as coisas não vão terminar bem. Quero que minha irmã volte para sua casa, mas um lado meu diz que isso não será possível. Meus olhos estão atentos. Cada canto, cada lugarzinho, cada buraco é examinado por mim. E se eu encontrar Patrícia? O que vou poder fazer? Quem vai ouvir uma mosca? Eu não me expresso verbalmente! Como vou fazer para que minha irmã volte para casa? Como vou avisar meu cunhado que ela está bem em algum lugar? Não adianta eu pensar nisso agora. Tenho de continuar a busca por Patrícia. Esse tipo de pensamento só faz com que as coisas andem para trás. A esperança não resiste aos maus pensamentos. Não há como eu manter meu vigor para encontrar minha irmã se eu começo a esmorecer pensando que não vou conseguir encontrá-la ou, se descobrir onde ela está, que não vou poder ajudá-la. Milagres são inexplicáveis, o que eu preciso ter em mente é que tudo vai dar certo, que a natureza vai fazer sua parte, que o impossível vai acontecer.

Como é difícil manter a fé! Fico impressionado como somos capazes de criar pensamentos negativos, de achar que tudo vai dar errado! Como é complexo se manter animado e positivo diante de uma situação ruim! Tantas coisas a se fazer, há tanto o que se pensar, mas a primeira coisa que vem à nossa mente é a que a droga da situação vai ficar pior. Essa luta interna está acabando comigo. Não aguento mais, se não parar com isso eu não vou aguentar seguir em frente. Como se não bastasse a dor que já é tamanha, não sou capaz de me manter confiante, simplesmente me encontro em uma guerra interna, o bem contra o mal. Esse não é um bom momento para isso, mas, ao mesmo tempo, isso que está acontecendo comigo sobrevém a qualquer pessoa. A maioria das pessoas não é capaz de vencer uma situação ruim pelo simples fato de não conseguir ter pensamentos positivos. As pessoas se sabotam, desistem fácil; mal sabem elas que as coisas não dão certo porque elas mesmas geram um sentimento negativo que vira realidade. Só há um jeito de as coisas terminarem bem, é pensando que vão acabar bem, se mentalizamos que vão ter um fim trágico, elas terão. Eu sei disso, mas, mesmo assim, não consigo dominar meus pensamentos, de repente me vejo no meio de um conflito interno, vejo-me lutando contra meus próprios sentimentos. Isso não vai fazer com que Patrícia volte, pelo contrário, essa energia conflitante só vai fazer com que tudo termine de uma forma não desejável. Tenho de me controlar, porque senão, se alguma coisa verdadeiramente ruim acontecer com minha irmã, vou viver com esse peso sobre meus ombros. Eu vou saber que, além daquelas pessoas maldosas que cercam minha família nesse momento tão difícil, com seus olhos vermelhos de tanta crueldade que emana deles, eu também vou ter contribuído para um trágico final; eu com meu presságio funesto, com minha falta de esperança, com minha total ausência de fé.

Tenho de voar mais rápido, preciso achar Patrícia e tenho de encontrá-la bem, a salvo, sem marcas, sem lesões, ela precisa estar incólume para que me sinta bem, para que ela mesma não tenha sofrido; para que, finalmente, o alívio chegue aos corações de meu cunhado e dos meus amados sobrinhos.

Eu não esperava por isso. Por que esse destino para minha irmã? Já havia tanto sofrimento em sua vida melancólica. Por que, agora, esse *tsunami* acometendo minha família? Deus! Já não bastava Patrícia ter abdicado da vida dela mesmo estando viva? Já não era suficiente aquele coração sofredor enfrentar uma realidade medíocre, sem vida, sem o mínimo de alegria? Já não bastava ela não ter motivo nenhum para continuar vivendo? Por que isso está acontecendo com minha irmã? E meu cunhado? Ele não merece passar por isso, ele sempre foi uma pessoa dedicada, sempre apoiou Patrícia em tudo, ele não media esforços para agradar minha irmã. Era até bonito de ser ver, agora ele está passando por essa agonia, está padecendo sem ter motivo para isso. Não vejo razão para meu cunhado estar passando por tudo isso. Ele é um homem bom que já tinha seus problemas vivendo com Patrícia, tendo de enfrentar os distúrbios emocionais pelos quais ela passava; mesmo assim, Armando é um cara otimista que dificilmente se entrega às dificuldades. Aí está uma contradição. Tenho pensado de maneira negativa, já Armando é positivo, não tem maldade em sua alma, e veja o que está acontecendo com ele. Por quê? Eu não entendo. Tudo bem, nós não sabemos o que se passa dentro do coração desse homem que, aparentemente, é perfeito. Talvez não tenhamos olhado de perto seu modo de ser. Será que Armando é realmente essa pessoa tão primorosa? Ou será que ele, assim como todo bom mortal, tem seu lado negro? Analisando, agora sob outro olhar, talvez ele não seja tão correto como imaginávamos. O senso comum é que Armando é uma ótima pessoa, um homem decente, fiel; um esposo dedicado, etc., etc. Todos têm a mesma opinião, todas as pessoas que o cercam apreciam essas qualidades em Armando, elas observam isso nele e verbalizam, a todo momento, o quão maravilhoso ele é. Agora, pensando melhor, talvez todos nós estivéssemos exagerando a respeito de nosso juízo sobre Armando. Sim, ele é uma boa pessoa, mas nem tanto. Acho que pelo fato de ele ser alguém que quase não se nota, estabelecemos um conceito superficial com relação a ele, sem olhar direito os detalhes de sua personalidade. De repente, eu também me vi acompanhando o senso comum; não olhei para Armando de um modo mais aprofundado, na verdade, não fiz isso porque para mim ele era um ser insignificante, assim como para a maioria.

 Considerando todos esses fatores, vejo que errei. Eu, a mosca observadora, o inseto que tudo vê e tudo ouve e que se acha capaz de analisar e julgar todos os fatos e todas as pessoas, agora está diante de um enigma, ou melhor, de dois enigmas, o sumiço da irmã e a condição do cunhado como marido sofredor, sendo que, aparentemente, ele não merecia isso.

Todos os meus sentidos estavam voltados para minha irmã, Patrícia. Meu cunhado era apenas um personagem coadjuvante, para quem ninguém ligava, muito menos eu, até esse momento trágico pelo qual estamos passando juntos. Ele não sabe de minha existência aqui no alto da parede, ou mesmo sobrevoando as cabeças de todas as pessoas que aqui estão. Eu também não sabia da existência de Armando; para mim, até então, ele era a pessoa imperceptível que sempre foi, mas, de repente, vejo que não é bem assim. Talvez, Armando tenha dentro de si algo que ninguém espera. Por que estou pensando isso? Porque, de repente, dei-me conta de que, se as coisas ruins acontecem para quem pensa negativo, Armando não deveria estar sofrendo agora, sendo a pessoa positiva que é. Entretanto, pode ser que ele não tenha pensamentos tão positivos assim. Quem sabe se por aquela cabeça não passam imaginações pessimistas, mesmo tendo essa cara de bom moço, de pessoa que tudo aceita, conformada; que supera todo tipo de adversidade, que vê o lado bom em tudo. Armando transmite essa imagem de pessoa satisfeita com tudo; a impressão que dá é de que ele nunca sofre com nada, pois sempre acha que tudo vai terminar bem.

Mas, voltemos ao ponto inicial: se atraímos por meio de nossos pensamentos tanto coisas boas quanto ruins, por que Armando – "o positivo" – atraiu essa desgraça para si e para sua família? Só podemos chegar à conclusão de que ele se esconde atrás da máscara do feliz para camuflar seus sentimentos mais profanos, aquele tipo de pensamento que só traz desgraça e destruição. Trata-se de um círculo nocivo. Patrícia depressiva, cabisbaixa, uma desistente. Armando com cara de feliz, de que está tudo bem, porém, por dentro, o ódio reina, justamente porque ele leva esse tipo de vida, porque tem de conviver com uma esposa problemática, que não faz nada em casa, que mal cuida dos filhos. E ele, pobre homem, tem de assumir tudo, tem de cuidar das crianças e da casa ao mesmo tempo, tem de dar apoio para a mulher que desistiu da vida. Como eu pude ser tão ingênuo! É claro que não existe ninguém capaz de superar tudo, de estar feliz o tempo todo; pode ser que existam pessoas que consigam ver o lado bom da vida, porém, não a todo instante, não a vida toda. Dentro de todos nós há sentimentos bons, sim, mas também existem pensamentos perniciosos que atrapalham nossa vida, que trazem desgraça à nossa sobrevivência, que, muitas vezes, derrubam de tal forma que muita gente não consegue mais levantar. Armando não é uma exceção. Atrás da capa de bem-aventurado, ele oculta esse tipo de sentimento. Armando é humano, com sentimentos e emoções pertinentes à nossa raça. De repente, eu e todo mundo começamos a achar que Armando era um ser superior, uma pessoa boa, diferente de pessoas como nós, cheias de mágoas, desesperançosas, pessimistas e egoístas. Mas há uma explicação para isso. Eu não enxergava o Armando, assim, positivo, à toa. O fato é que Armando era olhado por mim e pela maioria, mas não era visto. Eu não enxergava o Armando, não o via, é como se ele fosse invisível. Sabe aquelas pessoas que estão ali, mas ninguém liga? Com o Armando era a mesma coisa, ele passava despercebido, ninguém ligava para ele, ninguém olhava para ele. Quem é Armando? Quem? Já no caso de Patrícia, ela era o centro das atenções. Dramática, provocativa, todos os holofotes estavam voltados para ela e para sua vida medíocre. As pessoas comentavam: "Você viu? Ela não faz nada em casa! Não cuida dos filhos, não ajuda o marido, ela fica o dia inteiro sem fazer nada...". O foco sempre foi Patrícia, com sua vida desleixada, abandonada. Ninguém olhava para o pobre marido altruísta. Mas ele merecia um pouco de atenção. Ele fazia parte daquela rotina carente da vida do casal. Todo aquele vazio, toda aquela falta de interesse em viver, toda aquela renúncia pertenciam ao casal, não só a Patrícia. Mas ela era a culpada. Era Patrícia quem tinha provocado tudo aquilo, ela era a deprimida, a mãe desleixada, a nora acomodada, a vizinha esquisita. E agora isso, ela sumiu, desapareceu. É isso que ela quer. Ela quer que Armando sofra. Ela quer que todos ao redor dela sofram, por isso resolveu fugir e causar esse desespero na família. Armando, coitado, não tem controle sobre a situação, apenas sofre. Não. Não foi a essa conclusão que chegamos. Agora compreendo que Armando tem sua parcela de culpa, talvez não em atitude, mas em pensamento. É como dizem: "Por fora, bela viola, por dentro, pão bolorento". A questão não eram as atitudes de Armando, essas têm até um significado digno, o problema é o que se passa na cabeça dele, o que ele gerou com seus sentimentos, bem guardados, é certo, mas que emanam uma energia contraproducente que, unida à negatividade de Patrícia, criou essa circunstância extrema. Agora, todos sofrem, inclusive Armando, "o positivo".

O que importa tudo isso? O fato é que eu, embora na condição de inseto, ainda sou irmão da desaparecida e desejo encontrá-la. Descobrir a origem dos acontecimentos não muda os eventos. Patrícia está perdida em algum lugar, sabe-se lá o que ela está passando, e ter ciência de que ela e o próprio Armando provocaram, de algum modo, toda essa desgraça, não faz com que a situação seja diferente. A realidade é essa e eu preciso me concentrar na solução. Tenho de encontrar minha irmã, não suporto ficar aqui sem saber onde ela está, se está bem, se vai voltar. Para isso há duas coisas a se fazer: ter plena convicção de que vamos encontrá-la, isso mesmo, ter fé, e tomar uma atitude para que isso aconteça, ou seja, agir. Não há outro jeito. É isso que temos de fazer. Não adianta ficarmos aqui sentados choramingando, temos de ser diligentes e fazer com que as coisas aconteçam.

Já se passaram dias e não há nenhuma notícia de Patrícia. A polícia não tem novidades, não tem pistas, não há nada. A casa continua cheia, o que vemos há dias é um entra e sai de gente que não acaba mais. As pessoas se movimentam, entram na casa, ficam um pouco observando o sofrimento alheio e saem, parece uma romaria. Depois elas vão para suas casas ou para a casa do vizinho comentar o que viram. Um dia é um, outro dia é outro. Eles se arranjam em uma troca organizada, revezando o difícil trabalho de xeretar a vida alheia. Estão aqui à espera de uma notícia também, assim como nós, os familiares da desaparecida; a diferença é que a cobiça dessa gente é por informações ruins, essas pessoas desejam ouvir péssimas notificações sobre o caso, querem ver tragédia, aspiram por sangue.

Eu não sei como podemos chegar a um final feliz desse jeito, a energia desse lugar é tão nefasta que está realmente difícil enxergar uma luz no fim do túnel. Tenho a impressão de que estou lutando contra seres espirituais extremamente malignos. Parece que estou em um daqueles filmes de terror, que mostram criaturas horripilantes, monstruosas, que não podemos vencer. Mas, nesses filmes, os heróis sempre vencem. Será o caso aqui? Não sei.

Seja lá o que estiver acontecendo dentro dessa casa, o que eu tenho de fazer é continuar minha busca, é sair e ir atrás de minha irmã. Tenho de fazer o possível e o impossível para encontrá-la, preciso ver com meus próprios olhos que ela está bem. Que Deus me ajude!

Sobrevoo a redondeza pela décima ou vigésima vez, não sei direito, perdi a conta de quantas vezes saí voando por aí em busca de minha irmã. Meus pensamentos viajam por minha mente. Estou sem forças físicas, mas minha cabeça está a mil. Não consigo parar de pensar um só minuto no que pode ter acontecido a Patrícia. Já arquitetei diferentes situações. Ela morreu e seu corpo está caído em algum bueiro por aí. Ela foi sequestrada por um estuprador e está sendo mantida refém em uma casinha de madeira em alguma região rural. Ela se emancipou e fugiu pelo mundo em busca de sua felicidade. Ela perdeu a memória e está zanzando pela cidade sem saber quem é e de onde veio. Não sei, são diversas circunstâncias, pode ser qualquer uma dessas, mas, também, pode não ser. Talvez seja algo totalmente inusitado, que ninguém tenha sido capaz de imaginar. A questão é que nada disso tem importância, nada do que pensamos, imaginamos ou concebemos traz algum conforto. Enquanto eu não souber efetivamente o que aconteceu com ela, não vou conseguir ir adiante, minha vida se paralisou no momento em que Patrícia sumiu e, se nunca mais a encontrarmos, nunca mais serei o mesmo. Não serei capaz de continuar, serei uma mosca petrificada, congelada no tempo, virarei um fóssil, algo que poderá ser estudado no futuro. Não sei se os homens do futuro serão capazes de saber o fenômeno que fez com que eu virasse praticamente uma pedra; mesmo no futuro, onde, supostamente, os seres humanos serão mais evoluídos em nível tecnológico, mesmo assim, desconfio de que eles não descubram o que fez com que, essa mosca insignificante, de repente, congelasse. Nem o homem mais inteligente compreenderá que o que causou minha paralisia foi simplesmente um episódio traumatizante que ocorreu em minha vida, algo com que eu não soube lidar, uma situação que me atingiu como um raio, que me desmoronou, me petrificou. Tenho essa impressão, sinto que não serei forte o suficiente para aceitar que minha irmã não vai voltar e que vamos ficar aqui sem ter a mínima ideia do que tenha acontecido com ela. Não. Eu simplesmente não consigo lidar com isso.

Nesse momento, de plena reflexão e, ao mesmo tempo, de desespero, eu a avisto. Isso mesmo, ponho meus olhos gigantes de mosca em Patrícia. Sim, é ela! Ela está em um estacionamento de supermercado colocando sacolas em um carro. Mas que carro é esse?

De quem é esse veículo? E Patrícia? Por que ela está aqui, tão tranquila? Espere! Um homem se aproxima. Ele a ajuda a pôr as coisas no carro. Quem é esse homem, meu Deus? Há duas crianças com eles. Elas correm em volta do carro enquanto Patrícia e o desconhecido ajeitam as compras no bagageiro. Uso minhas pequenas patinhas para esfregar meus olhos. Isso que estou vendo não pode ser real, devo estar delirando. Eles entram no carro e saem do estacionamento. Não há tempo para eu ficar pensando, tenho de agir! Rapidamente voo até o veículo e entro por uma fresta na janela. As crianças estranhas estão tão agitadas que não percebem minha presença. Estou tão surpreso que, de novo, não consigo me mexer. Não sei o que está acontecendo. Todo mundo, em total desespero, está atrás de minha irmã e ela está aqui, com pessoas estranhas, como se nada estivesse acontecendo, como se ela não tivesse uma família, como se ela fosse outra pessoa. Quieto! Preste atenção na conversa!

"Meu amor...", inicia Patrícia, com um tom de voz tranquilo. "Sim, meu bem, diga", o estranho responde. "A gente podia parar em algum lugar para comer. O que você acha?" "Claro, meu bem! Que tal irmos àquele restaurante que costumamos ir? Eu adoro a comida de lá." Em meio ao agito das pequenas estranhas crianças, o casal troca ideias na maior naturalidade, como se se conhecessem há anos.

Eu não estou entendendo nada. Meu coração está disparado de novo, como quando soube que Patrícia havia desaparecido. Neste momento, queria que Patrícia pudesse me ouvir. Estou gritando internamente para ela olhar para mim, para ela me dar uma satisfação. Mas, é óbvio, ela não está me ouvindo, ela sequer nota minha presença, mesmo que seja para me enxotar, como todos fazem com as moscas. Ela está mais preocupada em dar atenção ao estranho homem afagando seus cabelos enquanto conversam.

Preciso fazer alguma coisa! O que está acontecendo aqui? Por que Patrícia está agindo dessa maneira? Por que ela está aqui em vez de estar com sua família? Estranho. Ela age como se essas pessoas, que eu nunca vi na vida, fossem sua família. Estou em choque.

Eles estacionam no tal restaurante. Consigo sair do carro antes que fechem as janelas. Vou voando discretamente sobre eles, não quero que escutem o som de minhas asas, não quero que me notem.

Depois que todos já estão sentados, eu escolho um canto da mesa para poder ouvir melhor o que conversam.

Que lugar é esse? Eu devo ter voado quilômetros e quilômetros, não reconheço este local. Preciso saber como sair daqui para avisar a todos que encontrei Patrícia. Como eu vou fazer isso, não sei, mas, de alguma modo, Armando precisa saber que Patrícia está bem. Não sei se ele vai gostar de conhecer as circunstâncias em que ela se encontra; de qualquer forma, aquele peso de pensar que o pior poderia ter acontecido com ela sairá dos ombros dele, entretanto, muito provavelmente ele sofrerá por outros motivos. Porém, a ideia de que tivesse acontecido algo muito ruim a Patrícia é mais dolorida, pelo menos, para mim foi, não sei como será para Armando. Talvez ele prefira que ela tivesse morrido. Bem, só quando ele tiver conhecimento de tudo isso que estou presenciando agora é que vamos saber qual será sua reação.

A família (é estranho falar assim, mas é o que parece ser) está reunida e feliz. O casal continua o diálogo: "Pedro, eu nunca tinha sido tão feliz na minha vida toda. Você me faz a mulher mais feliz deste mundo. Eu te amo!" "Feliz sou eu, meu bem, que encontrei uma mulher tão maravilhosa! Você trouxe de volta vigor à minha vida, eu estava desesperado com a morte de minha esposa e você surgiu para iluminar minha história novamente, trouxe alegria para os meus filhos, deu vida à nossa casa." Então é isso. Patrícia assumiu outra família. Meu Deus! Como pode ser isso? Ela não tem coração? E o Armando? E as crianças? Como ela foi capaz de simplesmente abandoná-los? Sair sem dar satisfação nenhuma. Como ela pôde ser tão egoísta?

Eu mal posso acreditar no sorriso esboçado no rosto de Patrícia. Nunca tinha visto minha irmã tão feliz, em nossa vida toda. Cresci com essa pessoa, essa mulher que, agora, não sei se conheço. Há bem pouco tempo eu estava acompanhando seu processo de depressão. Estava bastante preocupado, não me conformava com aquela situação e, agora, o que eu vejo? Vejo uma mulher radiante, bela, calorosa, afável no lugar daquela pessoa amarga, deprimida, desleixada com a vida. Não entendo. Se ela queria sair do casamento com Armando, por que não pediu o divórcio? Se não queria mais cuidar dos filhos, era só falar que, tenho certeza, Armando assumiria a guarda das crianças sem reclamar. Por que ela não agiu como uma pessoa normal, como todos fazem quando o casamento acaba? Seria muito mais honesto. Mas, infelizmente, ela escolheu esse caminho tortuoso. De repente, abandona tudo e todos e sai para viver outra vida, para ser outra pessoa, sem hesitar e, pior, sem qualquer resquício de remorso. Enquanto todos sofrem lá na outra casa de Patrícia, ela está aqui vivendo uma vida bem-aventurada, sendo a esposa que ela nunca foi; revelando-se a mãe que nunca tivera sido. Eu não posso nem pensar em meus sobrinhos. Eles estão sofrendo demais; por mais que a mãe fosse ausente, ela é a mãe deles, é a pessoa em quem eles confiam, de quem esperam proteção. Quando olho para essa cena e me recordo do sofrimento que se acometeu sobre a verdadeira família de Patrícia, tenho vontade de vomitar.

Meu Deus! É muito tormento! Antes meu martírio era não saber o que tinha acontecido com minha irmã e pensar no pior; agora estou me torturando por causa do que vejo. Não tive nem tempo de ficar feliz por tê-la encontrado viva, inteira; não houve tempo para isso, no mesmo instante em que a vi, meus sentimentos ficaram confusos. Alívio? Não tive. Feliz? Não fiquei. Dentro de mim a desordem foi geral. Quando avistei aquela situação, minha irmã com outra família, eu simplesmente entrei em parafuso.

Todos continuam interagindo de maneira perfeita, quando descubro que o tal e atual marido de minha irmã sabia que ela tinha outra família. "Eu a salvei, hein, meu bem! Eu a salvei daquela vida insignificante que você levava. Você não merecia aquilo. Aquela casa, aquele marido, até seus filhos, tudo aquilo não tinha nada a ver com você. Você é uma mulher espetacular! Merece muito mais da vida e eu sou o cara que posso lhe dar tudo o que você deseja", dispara a criatura cuja identidade é desconhecida. Quem é esse fulano para dizer que minha irmã não merecia aquela vida? Que ousadia é essa? Como Patrícia permite isso? Mas, infelizmente, ela não só permite que ele fale essas coisas, como também faz uma cara de completa satisfação e comenta carinhosamente: "Você é meu herói! Devo tudo a você. Você realmente me resgatou do inferno, se eu continuasse naquela vida nem sei o que teria acontecido comigo. O Armando me irritava, aquelas crianças me incomodavam, não sei por que fui me casar com ele e ainda tive dois filhos! Não era isso que eu queria para mim. Ah, meu bem, não quero mais falar sobre isso. Agora minha vida é diferente. Tenho você, seus filhos são como se fossem meus, essa é a família que eu sempre quis ter".

Eu não posso acreditar no que estou ouvindo! Não faz sentido! Por qual razão uma pessoa troca uma família por outra qualquer? Não é possível! E não vejo nada de diferente. O que essa condição difere da vida que ela tinha antes? Estou confuso.

Eles se levantam e deixam o restaurante. Embrenho-me no carro deles, mais uma vez. Preciso saber para onde vão, onde moram. Chegamos a um vilarejo bem tranquilo, mas não reconheço o lugar. A casa deles fica em uma ruazinha sem saída, onde há vários sobrados de um mesmo padrão. Animados, entram na casa. Nunca vi tanta euforia. Essa família é bastante esquisita, eles não parecem pessoas normais. Nunca tinha visto algo do tipo. Tudo é tão perfeito, a impressão que dá é de que eles não existem, é como se eles fossem personagens de um filme, daqueles bem chatos, em que tudo é tão impecável que acaba se tornando monótono. E a alegria no rosto de minha irmã? Uma pessoa que, há bem pouco tempo, estava definhando. As dúvidas não param de surgir. Não estou conseguindo digerir tudo isso e, é óbvio, que quero e preciso avisar Armando. Ele tem de saber que sua esposa fugitiva está viva, pelo menos. Mas como vou dizer isso a ele? Sou uma mosca, não falo com os humanos. Armando não imagina que eu, esse mísero inseto, sou seu cunhado. Tudo isso é muito maluco. Vamos supor que eu consiga me comunicar com Armando, ele já está em um estado lamentável por causa do desaparecimento de Patrícia, penso que ele vai achar que enlouqueceu de vez se uma mosca falar com ele. Percebo que estou de mãos atadas.

De qualquer maneira, retorno à casa original de Patrícia. Não sei como, mas, por instinto, encontro o caminho de volta. O cenário não é mais o mesmo. A casa está mais vazia, há apenas familiares com Armando. Aos poucos, a rotina vai sendo retomada, as crianças retornam à escola, Armando volta a trabalhar, enfim, tudo vai ficando como antes. Os vizinhos peçonhentos se desinteressam pelo assunto, eles não têm mais curiosidade pela desgraça alheia. Tudo isso acontece em um curto espaço de tempo.

Porém, o que mais me impressiona é essa história com minha irmã. O modo como ela instantaneamente se recupera da depressão e dá um salto para outra vida; isso ocorre sem que ela olhe para trás, sem dar a mínima para quem ficou. Aliás, pela conversa que ouvi entre minha irmã e seu atual marido, esse era seu desejo mais profundo, escapar daquela vida que ela achava que era um martírio. Isso que eu não entendo, a vida que ela está tendo agora é exatamente igual à que ela tinha com Armando, com pequenas diferenças, como, por exemplo, os filhos que teve com Armando foram paridos por ela, os que ela tem com o homem estranho não são seus filhos biológicos. Não sei quanto ao resto da família do estranho, não tenho ideia se ele tem mãe, irmãos, enfim, a questão é que, olhando daqui de cima, vejo quase a mesma vida. É claro que o tal estranho e o Armando, obviamente, têm personalidades diferentes e agem com ela de maneira distinta, porém, de modo geral, para mim, Patrícia continua na mesmice. Se a intenção dela era viver outra vida, tenho a impressão de que ela não conseguiu. Mas ela parece tão satisfeita. Tudo nessa vida nova parece ser tão melhor do que a vida que ela tinha antes. Por isso estou surpreso, porque Patrícia simplesmente abandonou uma família e assumiu outra, com as mesmas responsabilidades e afazeres que ela tinha com a família original, acredito. Se ela tivesse deixado Armando para viver uma vida louca em outro país; ou se tivesse ido morar com traficantes; ou trabalhar como dançarina de boate; qualquer coisa seria mais plausível, afinal, ela estava saturada da "vidinha" que levava. Entretanto, de repente, Patrícia larga tudo para ter tudo igual, e isso a apenas alguns quilômetros daqui. Não faz sentido. Para dizer a verdade, é até decepcionante.

Okay. Eu não deveria estar pensando assim, na verdade, deveria agradecer, porque aquela angústia que estava sentindo antes desapareceu. A aflição não mora mais dentro de mim, mas ela deu lugar ao desapontamento. Então, quer dizer que eu estava sofrendo à toa? Não. Não estava sofrendo à toa, meu sofrimento era justo, alguém de minha família, uma pessoa a quem eu quero bem, havia desaparecido e o fato de não saber o que tinha ocorrido com ela gerou, obviamente, uma agonia. Agora, sabendo onde ela se encontra e que está bem, fico mais tranquilo, pois era esse meu desejo, que eu a encontrasse viva. Minha mãe, muito religiosa, falava uma coisa que ficou gravada em minha mente. Ela dizia: "Meu filho, tome cuidado com o que você pede para Deus, é preciso que você saiba pedir, entende? Não peça nada pela metade, complete seu desejo em sua mente e ore para que ele se realize". Na época, eu era muito jovem e não tive o pleno entendimento do que aquelas palavras significavam, então, não liguei muito. Mas, hoje, sei exatamente o que ela quis dizer, e em minha trajetória até aqui pude ter várias comprovações de que ela tinha razão, e essa situação do desaparecimento de minha irmã é mais uma delas. Como eu amo minha irmã, desejei apenas encontrá-la viva e bem, ou seja, desejei pela metade. O que eu deveria ter feito era pedir que Deus me ajudasse a achá-la, que ela estivesse bem e que ela pudesse voltar para casa sã e salva e retomar sua vida, agora, de uma forma mais feliz e inteira. Faltou isso, que Patrícia pudesse voltar para casa. Na atual circunstância, por razões óbvias, ela não pode voltar para os braços de Armando. Mas, pensando bem, quem sou eu para tomar posse do destino de minha irmã? Quem sou eu para querer que ela volte para sua casa antiga? Quem tem de querer isso é ela, ninguém mais. Talvez, essa confusão toda na minha cabeça seja porque eu gostaria que todos estivessem felizes. Em minha doce ilusão e no momento de total confusão de sentimentos em minha mente, na ocasião do sumiço de Patrícia, meu desejo era simples, mas, ao mesmo tempo, complexo. Eu queria que Patrícia voltasse, assumisse seu lar, seu marido, seus filhos. Eu ansiava para que o sofrimento de minha irmã, de Armando e de meus sobrinhos acabasse de vez e que eles tocassem a vida, felizes e satisfeitos. Sou um iludido, é isso que eu sou. A vida de Patrícia era uma catástrofe, ela era aquela pessoa deprimida, acabada, desiludida, ou seja, estava padecendo com as escolhas que tinha feito. Armando era, e ainda é, uma pessoa insignificante, alguém que vive na sombra dos outros, que não tem opinião, que não reage, alguém desprezível, para quem ninguém liga. A opinião das pessoas em relação a ele é: "É um homem bom", apenas isso. Eu também não conseguia perceber Armando, para mim ele era um homem invisível, só fui notá-lo quando aconteceu a desgraça, quando Patrícia desapareceu. Foi, então, que todo aquele sentimento de compaixão tomou conta de mim e me fez desejar a felicidade para Armando.

Voltemos à grande questão. Minha irmã resolveu ter "outra" vida, com outra pessoa e outros filhos, ela parece muitíssimo feliz com essa escolha mais recente. De repente, de um mês e pouco para cá, a vida de Patrícia é perfeita. No que diz respeito ao meu cunhado, embora tudo ainda esteja fresco para ele e para as crianças, eles estão, aos poucos, retomando suas atividades e indo em frente. Diante disso, o que eu tenho a dizer? Aliás, o que tenho a fazer? Nada. Patrícia não queria Armando e tudo o que vinha com ele, ela estava infeliz. Armando não tinha ideia de que sua linda esposa não o queria mais, pelo contrário, ele não imaginava que a vontade dela era de sumir dali, tanto que assim ela o fez. Alheio a tudo, Armando continuava a insistir naquela "vidinha", fingindo que era feliz. As crianças, pobrezinhas, elas não têm culpa de nada e também não têm ideia do emaranhado de coisas estranhas que envolvem suas vidas, então vão vivendo, de um jeito ou de outro. É até melhor que elas não saibam que sua mãe as abandonou, pior que isso, que ela as trocou por outros filhos. Não posso nem imaginar o estrago que isso causaria na vida delas. Crianças são vulneráveis e mais sensíveis que os adultos, essa rejeição poderia originar um trauma tão grande que é difícil saber que tipo de adultos elas seriam se conhecessem toda a história. Pensando assim, é melhor que as coisas fiquem como estão. Estou me sentindo um pouco culpado porque sei onde Patrícia está e como ela está; já Armando e as crianças vão viver com essa dúvida o resto de suas vidas. Mas quem sabe algum dia eles descubram a verdade, talvez o universo dê as voltas que entende como necessárias e, no momento certo, quando meu cunhado e meus sobrinhos estiverem prontos, ele lhes revele a verdade.

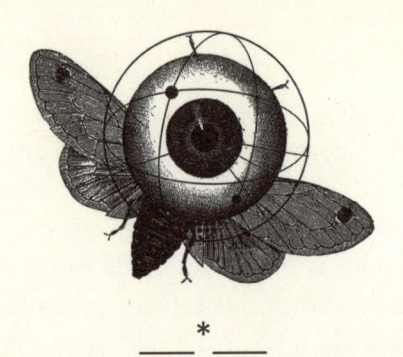

O que dizer de Eunice? Diante de toda a tragédia que se abateu sobre nossa família, ela passou na casa de nossa irmã poucas vezes, não deu a mínima atenção para o assunto, disse que Patrícia ia aparecer e ponto final. Prática. Implacável. Essa é a referência religiosa que temos. Acho que o mais miserável e sanguessuga dos vizinhos de Patrícia não agiu assim, tão friamente, como Eunice. Aquela corja que só ia ali para sugar as energias da família deve ter sido mais complacente do que minha querida irmã Eunice.

O que mais me inquieta é que Eunice se autodenomina uma pessoa cristã. Cristã, não religiosa, pois, segundo sua igreja, a pessoa religiosa é aquela que não serve a Deus. Os chefes espirituais acreditam que o religioso é alguém que está na igreja para questionar o que é dito e realizado lá. De acordo com o pensamento dos líderes da igreja de Eunice, a pessoa religiosa é aquela que é contrária àquilo que eles pregam, que serve a dogmas, não a Deus. Por isso, minha irmã se intitula cristã, pois, a pessoa cristã, segundo eles, é aquela que serve a Deus, não a preceitos estabelecidos. Como cristã, Eunice não questiona, ela acredita em tudo que eles dizem e faz tudo o que eles querem, então, para minha irmã, ela é uma verdadeira cristã, ela está convicta de que serve a Deus, não a homens. O fato de estar frequentando uma igreja e encontrar-se envolvida nas atividades do templo também contribui para que seja merecedora de tal título.

Não sei, talvez eu esteja sendo herege, mas o que tenho visto não bate com os ideais religiosos que conheço. Tudo parece estar muito distante do conceito do que tenho ouvido, falo isso porque tive o exemplo de meus pais. Eles eram bastantes religiosos. Eram corretos; cumpriam seus compromissos, ajudavam as pessoas; não reclamavam de nada. Eram trabalhadores, esforçados; solidários, afáveis. Não sei se os idealizei assim, mas é dessa maneira que me lembro deles, foram essas referências que me deixaram. Pode ser que agora que eles estão mortos eu os tenha endeusado, pode ser que seja isso, mas não dá para ser diferente; para mim, eles deixaram valores fortes, me mostraram virtudes que ficaram marcadas em minha pele, impossível de se esquecer. Difícil é viver sem levá-las em consideração. Apesar disso, minha família desandou. Digo isso pelos exemplos que tenho visto.

Eunice se entregou à igreja. Ela vendeu sua alma, sem saber. Sua vida gira em torno das regras ditadas pelos chefes espirituais. Não existe mais nada nem ninguém que valha a pena dar atenção. Pode ser sua irmã, seu irmão, pode ser até seus filhos, todas essas pessoas não merecem consideração, pois estão seguindo outro caminho, o do Diabo. Talvez, não seja o caso de seus filhos, que, para ela, são criaturas perfeitas, mas o resto... O resto é gente que não faz o que ela faz, que não anda conforme os preceitos determinados por sua igreja, por isso ela não pode desperdiçar seu tempo com essas pessoas. Foi por essa razão que ela não deu importância para o desaparecimento de Patrícia. Ela não ligou, apenas cumpriu o protocolo ao ir até a casa de nossa irmã, só para não dizerem que ela não se importou. Mas a verdade é essa, ela não se importou, não se envolveu, não demonstrou o mínimo de afeto. Para mim, esse não é o tipo de atitude de uma pessoa que se diz religiosa. Talvez Eunice não tenha sequer orado para trazer nossa irmã de volta; se fez isso, o fez no automático. É assim que os cristãos modernos se relacionam, eles usam a tecnologia para falar com Deus. Por meio de mensagens instantâneas, eles trocam mensagens entre si, formando uma corrente de pedidos de oração. Contudo, eu tenho comigo que essas mensagens não são para o Ser Superior, mas para eles mesmos. Noto que todos eles têm uma carência muito grande e apelam para essas orações eletrônicas na esperança de que alguém – não Deus – do outro lado possa fazer alguma coisa para ajudá-los. Essas pessoas, incluindo minha irmã, jogam sua esperança em um sujeito qualquer porque precisam ver (enxergar, tocar) onde estão depositando sua confiança. O mais engraçado nisso tudo é que Deus acaba ficando em segundo plano, ou até mesmo em posição nenhuma, porque Ele não pode ser visto, não é palpável, é um ser inanimado. Esse comportamento é tão contraditório que acaba se tornando patético. Deus deveria ser o centro dos preceitos que essas pessoas seguem, mas é deixado de lado pelo próprio povo. O que é mais estranho é que eles agem assim sem ter ideia do que estão fazendo. Sei disso porque observo minha irmã. Na consciência de Eunice, ela está trabalhando para a obra de Deus, ela acredita que todas as suas ações são legítimas.

Aqui de cima, o que passa por meus olhos é uma postura superficial ditada por um grupo pequeno de pessoas e que é seguida por uma grande massa. Eunice tem certeza de que está fazendo a coisa certa, ela não vê que está apenas abraçando instruções de meros mortais que estão preocupados com uma única coisa, os próprios interesses.

Será que Eunice esqueceu que fez um pacto com sua Mediadora de pegar parte do dinheiro das ofertas? Não, não é isso, na verdade eu é que não me lembrei de um fator significativo nesse acontecimento, Eunice não acha que está agindo de má-fé, ela tem convicção de que está tudo bem, afinal está obedecendo à ordem de sua líder e, para ela, é isso o que vale.

Assim minha irmã continua sua trajetória, atuando em um campo superficial da vida em que nada tem valor, a não ser seu mundo religioso. Faz qualquer coisa para que seus líderes olhem para ela.

Sigo acompanhando mais um culto do dia. Assim que a Mediadora encerra a pregação, os responsáveis pela oferta seguem para uma sala reservada com os sacos cheios de dinheiro. Atrás deles está Eunice, agitada. Ela não sabe como fazer para separar a tal quantia que a Mediadora falou. Ela percebe que não pode fazer isso na frente de outras pessoas. Fico aqui pensando sobre isso e acabo por sentir uma indignação tão grande que nem consigo explicar. Minha irmã tem conhecimento de que aquilo que está fazendo não é correto, tanto que precisa dar um jeito de executar a tarefa longe de testemunhas, porém, mesmo assim, ela vai em frente.

Os membros responsáveis pela oferta separam o dinheiro, Eunice permanece por ali, fingindo ajudar. Ela não sabe como agir, não tem ideia de como vai fazer para pegar a grana sem que ninguém perceba. Nesse momento, a Mediadora entra na sala e põe todo mundo para fora: "Por favor, saiam. Deixem isso que eu e Eunice damos um jeito. Vão arrumar o templo". Eunice respira, aliviada. Ela sorri para a Mediadora e diz: "Graças a Deus, Mediadora! Ainda bem que a senhora chegou! Eu não sabia o que fazer para tirá-los daqui". A

Mediadora não dá atenção para as palavras de Eunice e imediatamente começa a contar o dinheiro e separar a parte que lhe convém: "Vamos, Eunice! Vamos logo com isso! Não podemos dar bandeira! Vá! Vá, pegue esse saco e coloque o dinheiro!". Mais do que depressa Eunice coloca o dinheiro no saco e o esconde em um canto da sala.

Quando a maior parte das pessoas vai embora, aqueles que têm a tarefa de deixar as ofertas separadas para serem enviadas à matriz, no dia seguinte, retornam à sala onde está o dinheiro. A Mediadora, eficaz, como sempre, impõe sua autoridade e determina que eles vão para suas casas: "Gente! Podem ir embora, fiquem tranquilos que está tudo sob controle. Eu e a Eunice sabemos o que tem de ser feito, nós conhecemos os procedimentos para enviar as ofertas à matriz. Vão! Vão! Podem ir despreocupados". Sem entender nada, as pessoas deixam o lugar. Meu Deus! Será que essas pessoas não veem que essa atitude da Mediadora é, no mínimo, suspeita? É impressionante! Elas não questionam, em nenhum momento. Assim como minha irmã, essas pessoas não têm opinião, se sua líder disser que tem uma girafa voadora vermelha ali, elas vão olhar e dizer: "É mesmo, Mediadora! Eu estou vendo!". Eu tenho a impressão de que elas foram hipnotizadas, estou quase acreditando nisso, no hipnotismo.

Depois que todo mundo vai embora, Eunice faz todo o restante do trabalho sozinha, contabiliza parte das ofertas no computador e ajuda a Mediadora a levar o saco com sua fatia para o carro.

O que me deixa pasmado é que a vida de minha irmã é uma droga. Ela não tem o marido com que tanto sonha; está desempregada, falida, ou seja, não tem dinheiro para fazer as coisas que deseja; ela não tem uma carreira; está endividada; não tem um objetivo e, pior do tudo isso, não tem um sonho. A história de Eunice é essa a que eu assisto todos os dias ao sobrevoar os arredores, é a Eunice dedicada à sua igreja em tempo integral, tudo o que ela faz e o que vive é em função disso. Minha irmã passa horas de seu dia com os afazeres da comunidade. Não falo de consagração missionária, o que quero dizer é que Eunice entregou sua vida a essa religião que, segundo ela, é a correta para se alcançar a salvação. Frequentar a igreja, na visão de Eunice, é o que todos deveriam fazer, mas não uma igrejinha qualquer; para ganhar fortunas e um lugar no céu, é preciso estar na igreja certa.

Eu não entendo como Eunice não percebe que essa escolha que ela fez para sua vida não está dando certo. Ela não vê que sua existência é precária, que tudo o que ela faz não está adiantando de nada. Okay, sou uma mísera mosca, mas sou um inseto com consciência, eu não apenas observo as coisas, tenho também a capacidade de avaliar a situação e, nesse caso, não vejo razão para minha irmã continuar nesse caminho. Isso me deixa atordoado porque quero fazer com que Eunice enxergue que ela está agindo feito uma idiota, porém não posso, por causa de minha condição; mas não é só isso, mesmo que eu estivesse de novo em meu corpo humano, mesmo assim, se eu tentasse abrir os olhos de minha irmã seria tratado com um inseto, ela não me ouviria e rebateria cada palavra que eu dissesse, acabaríamos discutindo, como sempre foi.

Não vejo saída para Eunice. Ela quer ser dominada, ela prefere deixar nas mãos de outras pessoas aquilo que ela tem de mais precioso, sua própria vida. Em parte eu entendo; Eunice não consegue lidar consigo mesma, ela tem medo de se aprofundar e se conhecer melhor, por isso permite que outras pessoas escrevam sua história. O medo paralisa e é isso que está acontecendo com minha irmã, o pavor de ter de lidar com seus próprios sentimentos a deixou vulnerável e fez com que ela entregasse sua própria vida ao Diabo.

Eu perdi minha irmã. Ela se perdeu, deteriorou-se causando estrondosos estragos, ela não percebe, mas foi isso que aconteceu com sua vida. Na verdade, tudo parece estar sob controle, pois Eunice encontrou sua zona de conforto, um jeito de viver no qual ela tem o domínio e consegue suportar. Eu é que estou bastante incomodado. Por que eu deveria estar preocupado com uma vida que não é minha? Porque, hoje, sou uma mosca observadora, mas também sou irmão dessa pessoa a quem examino, não posso nem consigo ficar inerte. Como deixar para lá? Como fazer isso? Vejo a vida de minha irmã embrenhando-se na calamidade. Assisto à sua derrocada quase em câmera lenta. Testemunho uma vida vazia, sem uma razão digna para ir adiante. Eunice se tornou um saco vazio que qualquer pessoa pode encher com a porcaria que quiser. E é isso que está acontecendo, minha irmã vive a vida de seus líderes. Eles enchem o saco vazio com as mais diversas atrocidades e Eunice acata tudo, sem um resquício de dúvida, sem nada questionar.

Em sua casa, Eunice está diante do computador trabalhando incessantemente. Mas que tipo de trabalho ela está fazendo? Está cuidando das coisas da igreja. Está postando *vídeos do culto, publicando a palavra* do Senhor Soberano, tentando convencer as pessoas a acreditarem na mesma coisa que ela acredita. E Eunice faz isso com plena convicção de que está ajudando o próximo, para ela, se as pessoas que veem suas postagens não aceitarem o que está sendo dito, essas pessoas são desgraçadas. Em sua cabeça, como ela segue fielmente os preceitos de sua igreja, sua vida é prodigiosa, ela não percebe que é o contrário, não vê que sua vida está indo por água abaixo, que está afundando cada vez mais. Minha irmã não enxerga a vida miserável que está vivendo. É pobre no sentido material, emocional e espiritual. Eunice vive superficialmente. Ela não tem nada, não almeja coisa alguma, sua história é um grande vazio.

Diante de seu computador, ela se afunda nesse mundo religioso. Sua casa está abandonada. Além de mim, há outras moscas sobrevoando os restos de comida espalhados pela mesa, o lixo está jogado por toda parte, a casa exala um cheiro ruim. Eunice se esqueceu dela mesma e do que está ao seu redor. Não liga mais para nada. Não se importa com seu bem-estar, com sua aparência, com sua vida familiar, com coisa alguma.

É por esse motivo que não consigo ficar aqui insensível a tudo isso. Vejo uma enorme contradição nas escolhas de minha irmã. O que é pregado em sua própria igreja é o oposto a esse tipo de vida que ela leva. Embora a igreja seja manipuladora, ela prega o que supostamente é o correto. Os chefes espirituais não falam para Eunice que ela deve ser desleixada, que não deve se cuidar, que deve viver afundada na sujeira, não. Eles dizem uma coisa e minha irmã segue outro caminho. O discurso de seus líderes, esses que Eunice idolatra, é um sermão conveniente ao bom modo de se viver. Eles discorrem em suas pregações que as pessoas devem ter uma vida correta, que elas devem se cuidar, que devem prezar a família. Segundo eles, nós refletimos nosso interior em nosso exterior; por isso, se vivemos em meio à sujeira, é porque estamos impuros por dentro e devemos nos curar. Todas essas coisas eu ouvi durante muito tempo, tanto na época que eu era gente como agora, em minha condição de inseto. Tudo bem, nem os próprios líderes vivem o que pregam, mas, no caso de minha irmã, é bastante estranho, porque parece tão evidente que ela está fazendo tudo errado, mas ela não compreende isso.

O tempo passa e ela permanece na mesma posição. Sentada no sofá com os pés para cima, o notebook em seu colo, o celular do lado. As mensagens não param de chegar, ela não dá conta de respondê-las, são inúmeras pessoas que ela tem em seu cadastro de contatos. Estou aqui há horas e o cenário não muda. Penso: "Eunice, levante-se! Mexa-se um pouco! Mostre que você está viva!", mas ela conserva-se imóvel.

Estou começando a entrar em desespero. Não consigo assimilar o que vejo. Quero interferir. Meu desejo é sacudi-la e dizer: "Acorde!". Não posso. Mesmo se eu fosse humano, eu não poderia.

A noite começa a cair. Eunice, finalmente, se levanta do maldito sofá e começa a se arrumar para voltar ao templo. O ciclo é o mesmo. Todos os dias é a mesma coisa. Em meio ao monte de roupa amontoada em cima de sua cama, ela encontra algo para vestir. Ela pega qualquer peça, não importa, vai para o banheiro e escova os dentes rapidamente, tudo em ritmo acelerado, como se o mundo fosse acabar a qualquer momento.

Eunice sai correndo de casa como se estivesse atrasada, é um desespero vão, pois há tempo suficiente. Eu tento acompanhá-la, mas fico atordoado com tamanha agitação. Não sei como, consigo entrar o carro com ela. Ela arranca. O pneu chega a cantar. Chegamos à igreja em minutos. Pensei que nós não fôssemos chegar, eu realmente achei que morreríamos no meio do caminho, chocados com um caminhão ou outro veículo, eu e ela, mortos na rua. Tudo isso passou por minha cabeça enquanto percorríamos as estreitas vias em alta velocidade.

Eunice sai do carro e corre para o templo. Eu voo atrás dela achando que algo está acontecendo. Pensei, tem alguma coisa errada, por isso ela está correndo desse jeito, mas, assim que entramos, percebo que tudo está normal. Não há nada de diferente acontecendo. As pessoas na igreja parecem estar operando em câmera lenta, mas não é isso, Eunice é que está demasiadamente acelerada. Vai começar o primeiro culto. A Mediadora já está em seu camarim. Eunice corre para lá para preparar seu lanche. Ela entra esbaforida e pergunta à Mediadora: "A senhora já tomou seu chá? Quer que eu lhe sirva?". A Mediadora olha para Eunice com seu jeito frio e responde: "Não. Eu não tomei meu chá, por favor, me sirva". Rapidamente Eunice prepara a bebida e serve a Mediadora. Enquanto a Mediadora toma seu chá, Eunice arruma a sala. Ela começa a guardar as coisas, a tirar o pó dos móveis, a ordenar tudo. A Mediadora não profere uma palavra. Ela apenas observa Eunice em seus afazeres. Eunice também se conserva calada. Esse silêncio me incomoda. Vê-se que não há empatia entre as duas, o que existe é uma relação similar ao relacionamento entre patrão e empregado. Mas não deveria ser assim. A relação das duas deveria ser de amor fraterno. Não é isso que prega a igreja? Eu esperava que a Mediadora, como líder espiritual, desse à minha irmã, e aos outros membros da igreja, apoio fraternal, esse é o padrão. Mas não estamos lidando com padrões aqui.

A Mediadora se dirige ao púlpito para iniciar o culto. Eunice também vai para o salão principal, para acompanhar a pregação e interceder pelas pessoas que ali estão. Os membros da igreja se espalham.

Começam a pregação, a colheita das ofertas, as orações, enfim, tudo segue como habitualmente, inclusive a estreante rotina de separar uma quantia da oferta.

Minha irmã está atenta aos sacos de dinheiro. Do mesmo modo a Mediadora expulsa os membros que habitualmente cuidam dessa parte e ela e Eunice tomam conta do processo. As pessoas começam a estranhar, mas não falam nada. O povo ainda está na igreja se despedindo uns dos outros, conversando, consumindo coisas da lanchonete ou do bazar, ficam por ali por um tempo sendo sociáveis.

Eunice fica preocupada com as pessoas que cuidam das ofertas; teme que elas possam desconfiar de alguma coisa e saiam espalhando para outros membros. Ela expõe para a Mediadora sua preocupação, mas a líder é muito confiante, tem certeza de que ninguém vai enfrentá-la, ninguém terá a ousadia de duvidar de seus atos. Ela tem razão. Os membros dessa igreja confiam cegamente em seus líderes, para eles os mediadores, os Principais, até mesmo o Senhor Soberano nunca seriam capazes de fazer alguma coisa errada. Na mentalidade tacanha dessas pessoas, os líderes são quase santos. Eunice se sente mais confiante e continua a realizar sua tarefa ilícita. Depois de tudo pronto, as duas vão até o salão principal e se juntam aos frequentadores da igreja que ainda estão por ali. O olhar da Mediadora é quase angelical, sua voz suave conforta as pessoas, elas imediatamente se aproximam da Mediadora para serem tocadas por suas mãos santificadas. Eunice, como sempre, está agitada. Fala com um, fala com outro, ela tenta, mas acaba não dando atenção para ninguém. A maluca que atacou Eunice há alguns dias está por aqui ainda. Eunice fica inquieta com sua presença, ela não sabe se a mulher vai de novo abordá-la ou se vai tentar atacar a Mediadora. Ela fixa seus olhos sobre a tal mulher, Eunice não vai permitir que essa senhora maluca tumultue a saída das pessoas novamente. Para Eunice, aquela vez foi o suficiente para deixá-la desconfortável e depois teve a desaprovação da Mediadora, que a criticou severamente por não ter sabido lidar com a situação. Esse episódio deixou minha irmã bastante abalada. Ela não admite ter decepcionado a Mediadora, para ela isso é a morte. Eunice precisa agradar seus líderes, essa é sua razão de viver, é isso que a motiva a continuar. A estranha mulher anda de um lado para o outro, meio deslocada, as pessoas não lhe dão atenção. Tenho um sentimento ruim quando vejo o comportamento das pessoas dessa igreja. Meu coração fica meio apertado. Sinto muita pena dessa mulher. Ela quer que alguém olhe para ela, precisa ser cuidada, é uma pessoa que necessita de um olhar mais devotado, mas a postura desses religiosos é antagônica, eles repudiam a mulher, querem-na longe.

Quando todos estão deixando o templo, a mulher se senta e começa a falar sozinha. Eunice não acredita. O que ela quer? Todos estão saindo, por que ela não sai também? Eu resolvo ir mais perto dela para tentar ouvir o que está dizendo. Enquanto voo por cima de sua cabeça tento escutar seus sussurros. Ela não parece dizer coisa nenhuma, não consigo entender o que fala, parece que está pronunciando outra língua, não reconheço esse som. Poderia ser a língua estranha que os religiosos mencionam, mas não é isso, pois essa tal língua estranha tem um padrão, em outras palavras é uma coisa já previamente pensada. O que essa mulher pronuncia não é nada parecido com isso. Seja lá o que for, o fato é que, no caso dela, os vocábulos saem de sua boca naturalmente, é curioso o que eu vou dizer, mas essa mulher parece estar manifestando um dom verdadeiro, suas palavras saem naturalmente, a impressão que eu tenho é de que ela está manifestando algo autêntico, não arquitetado por alguém. Resta saber de onde vem essa tal manifestação. Vem do bem?

Ou vem do mal? Para minha irmã essa mulher está possuída. Ela não segue os padrões. Na cabeça de Eunice ela tem de sair dali imediatamente. Eunice vai até a mulher, põe as mãos em sua cabeça e começa a orar para expulsar o demônio que supostamente está possuindo o corpo dela. Inicia-se uma gritaria. Quanto mais alto Eunice clama, mais a voz da mulher aumenta e se torna impossível de se entender o que cada uma está pronunciando. A Mediadora permanece no mesmo lugar, assistindo a tudo. As poucas pessoas que ainda estão no templo também não tomam nenhuma atitude. Eunice está só na luta contra o Diabo. Eu sobrevoo as duas querendo saber quem vai ganhar essa guerra, quando, de repente, a mulher solta um grito estridente, é tão alto que pode se ouvir a quilômetros de distância. Meus ouvidos tampam. Há um silêncio. Fiquei quase surdo. Todos emudeceram, inclusive Eunice. O rugido da estranha mulher inibiu qualquer outro som, não se ouve nada. A mulher vira sua cabeça e olha para minha irmã friamente. Seus olhos estão esbugalhados, parecem que vão saltar para fora. Sua face se enruga. Sua feição é de ira. Sua respiração é ofegante. Então, lentamente, ela se levanta, pega sua bolsa e vai embora. Eunice está em choque. Os membros que assistiam a tudo correm em sua direção para ver se ela está bem. Devagar, Eunice vai se recuperando, quando olha para o lado vê a Mediadora deixando o templo. Ela mal pode acreditar no que vê. Como é possível? Depois de tudo o que aconteceu, sua líder vai embora! Eunice está inconsolável, mas disfarça sua decepção e tranquiliza as pessoas que estão por ali tentando acalmá-la: "Gente, estou bem. Podem ir para as suas casas que eu fecho tudo aqui. Isso que aconteceu é normal e o bem venceu! O Diabo fugiu com o rabo entre as pernas, vocês não viram? Então, fiquem bem e vão com Deus!". Todos saem. Eunice fecha a igreja e vai para casa com o coração apertado. Ela não entende o porquê de a Mediadora agir dessa maneira. Seus pensamentos buscam uma resposta: "Por que ela não me ajudou? Por que ela não toma uma providência com relação a essa mulher maluca que frequenta nossa igreja? Essa mulher deveria ser expulsa de nossa congregação, ela é uma destruidora da ordem! Eu não entendo. Por que ninguém faz nada? Um momento! Será que a Mediadora está me testando? Pode ser. Talvez ela queira ver como eu ajo diante de situações adversas. É isso! Ela está me testando! E eu vou provar para ela que posso lidar com qualquer situação. Eunice, sua boba, você não vê que a Mediadora quer lhe dar responsabilidades maiores, ela quer ter certeza de que você é capaz e que pode chegar até a um cargo maior, quem sabe. Como fui boba...", devaneia Eunice. Em meio às fantasias que rodeiam a cabeça de minha irmã, fico aqui pensando no quanto ela é ingênua. Ela não vê que a Mediadora não a ajuda com a mulher maluca porque ela não sabe o que fazer. Eunice não enxerga que sua líder é uma farsa, ela não tem ideia de que sua Mediadora veste uma capa de mulher superpoderosa, porém é uma covarde. Meu Deus! Como posso fazer para que Eunice veja a verdade que está debaixo de seu nariz? Como posso abrir os olhos de minha irmã e tirá-la desse mundo de submissão em que ela vive? Às vezes não acredito nas coisas que tenho testemunhado. É tão visível para mim a incoerência nas atitudes da Mediadora com relação ao que ela deveria ser e fazer. A própria Eunice sabe que tipo de comportamento uma Mediadora deve ter, tem consciência das regras da igreja, conhece de cabo a rabo as Escrituras e é certo que lá não está dizendo que deve abandonar um irmão na hora da dificuldade; que se deve enxotar uma pessoa da igreja por sua demência; vou mais longe, que se deve botar as mãos no dinheiro das ofertas para benefício próprio. Por isso fico aqui me corroendo por dentro, querendo gritar: "Eunice! Você é uma idiota!", mas o máximo que posso fazer é assistir a essa palhaçada toda e calado.

 Quem pode salvar minha irmã das garras dessa gente estranha e mesquinha? Ninguém. Nem eu, mesmo em um corpo de homem, poderia fazer isso; só quem pode salvar Eunice é ela mesma, mas, pelo que tenho visto esse tempo todo, ela não quer fazer isso, não quer porque tem medo, teme a rejeição, por isso vai levando essa vida medíocre, essa meia vida, como costumo dizer.

 E quanto à pobre mulher amaldiçoada? Nem tenho palavras para descrever tamanha injustiça que essa criatura está vivendo. Nem sei por que que ela ainda frequenta essa igreja, um lugar onde a rejeitam. Ela deve saber disso, não é possível. Está na cara que as pessoas não a querem lá, principalmente quem mais deveria acolhê-la, a líder daquele templo, essa não quer nem saber, ignora-a completamente.

Mas há algo diferente nessa mulher. No instante do fatídico episódio da expulsão de Satanás, o que eu vi foi uma pessoa sendo incomodada no seu momento espiritual. Aquela mulher estava se recolhendo em um instante de introspecção e foi interrompida bruscamente pelas mãos de minha irmã sobre sua cabeça para expulsar o possível demônio que, segundo Eunice, a havia possuído. Quem garante que aquela dona estava sendo possuída? Quem pode afirmar que ela estava confabulando com Satanás? Talvez ela estivesse verdadeiramente recebendo o Espírito Santo. Quem sabe aquela língua que ela pronunciava não é a real linguagem usada quando se recebe o Espírito Santo? Era uma língua estranha, nada parecida com o que costumamos ouvir nas reuniões religiosas. Habitualmente ouvimos sons repetidos, como são sempre os mesmos ruídos não me parecem naturais, acabam soando como um discurso gravado. Entretanto, foi instituída pela igreja como a língua estranha usada para se comunicar com o Espírito Santo. Como aquela mulher emitia outro tipo de ruído, a igreja logo taxou como língua demoníaca e passou por cima do retiro espiritual daquela senhora como um trator. Determinou-se que não se tratava do Espírito Santo e que aquela mulher estava endemoniada. Não vejo dessa maneira. Daqui de cima, a perspectiva é outra. Quando sobrevoei a tal mulher enquanto ela manifestava algo que eu não sei explicar o que era ainda, pude sentir uma vibração diferente. Não sei se vou saber definir o que senti naquele momento, mas, naqueles poucos minutos, antes de minha irmã chegar e estragar tudo, senti uma vibração boa; pode parecer estranho, porém experimentei uma paz que nunca havia saboreado antes. Foi como se eu estivesse sendo tragado por uma força superior, me senti embriagado pela energia que emanava daquela mulher enquanto ela pronunciava palavras que eu não conseguia entender, mas, ao mesmo tempo, tinham todo sentido para mim. Aquela sensação boa estava me dominando até que fui interrompido bruscamente pelas mãos de Eunice em direção à cabeça da mulher e por seus gritos ensurdecedores que produziam uma oração agressiva e sem sentido. O resto vocês já sabem. Eu não estou me conformando com essa situação, preciso entender melhor o que está acontecendo nessa igreja, tenho de ter mais informações sobre essa mulher misteriosa.

Era o que minha irmã deveria fazer também antes de julgar a pobre senhora, mas Eunice não quer saber de nada, ela age como todos daquele templo. Aquelas pessoas julgam os outros, apontam o dedo, criticam e condenam os demais sem saber direito o que estão fazendo, aliás, elas sabem o que fazem, elas têm noção de que não estão agindo certo quando ficam apontando o dedo para um e para outro, porém não querem admitir isso. Não aceitam avaliar suas atitudes, muito menos mudar de comportamento. Essa gente não muda porque são pessoas viciadas no que há de mais abominável nas relações: a fofoca, o falar mal do outro. Essa conduta mesquinha é quase uma droga para elas, isso é o que lhes dá fôlego. É estranho eu falar assim, mas, infelizmente, é assim que vejo, principalmente agora, que estou no corpo de uma mosca e posso analisar de longe as situações. É desprezível a conduta dos membros daquela igreja, porém não há como fugir disso porque é a mais pura realidade. E assim essas pessoas vão seguindo seus caminhos, achando que são as mais puras criaturas só porque frequentam um templo. Minha irmã tem esse pensamento, para ela o importante é estar no templo e seguir todas as ordens dos chefes espirituais; se a pessoa fizer isso está salva, vai direito para o céu, tem passagem para a vida eterna ao lado de Jesus Cristo. Não importa que tipo de procedimento se tem dentro da igreja, estando ali tudo se resolve, está tudo perfeito. Não importa se a maioria é egoísta, julgadora ou perversa, se está sentada no banco da igreja, dessa igreja especificamente, está com Deus. Isso segundo os preceitos que foram incutidos na cabeça desse povo, os quais minha irmã fez questão de acatar sem hesitar.

Por isso a pobre mulher que foi taxada como louca e depois possuída não tem lugar nessa congregação. Essa senhora não se encaixa nos padrões, está sendo ela mesma, ela busca verdadeiramente uma relação com o Ser Superior. Ela não faz fofoca, não se reúne em grupinhos para falar mal das outras pessoas, ou seja, é um ser estranho naquele ambiente, não combina com aquilo tudo. E isso é bom, pelo menos do meu ponto de vista. Sorte dela que não faz parte desse mundo sórdido cheio de pessoas interesseiras. Aquela mulher que a princípio parecia ser uma pessoa que tinha uma doença mental, agora demonstra ser a única criatura em sã consciência dentro da igreja. Para mim, é inegável a energia que emergiu no momento de introspecção daquela senhora, seus sussurros eram autênticos, sua feição exprimia um sentimento de paz. Eu não sei o que ela dizia, mas sei o que senti quando me aproximei dela.

Eunice está satisfeita com o resultado, ela acha que expulsou o demônio que possuía a mulher e venceu a guerra espiritual, afinal, a senhora acabou saindo em disparada, o que indica, segundo minha irmã, que ela estava fugindo do poder de sua oração. Se eu fosse Eunice, eu não teria tanta certeza disso, pois essa história ainda não terminou.

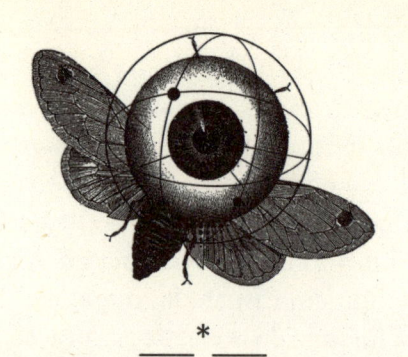

Estamos no começo de outubro, já é quase final de ano e tudo ainda parece meio estranho na vida de minhas irmãs, as coisas não se encaixam, está tudo uma bagunça. Patrícia largou a família e assumiu outra. Eunice não arreda os pés da igreja, mas tem um comportamento duvidoso. Eu não sei o que pensar; sobrevoo os ambientes, assisto a todo tipo de situação, às vezes quero interferir, mas, por motivos óbvios, não consigo. Não imaginava que ia ser tão difícil apenas observar a vida que segue, desejei muito isso, porém, não medi as consequências. Entretanto, sei que, mesmo se eu estivesse em um corpo de gente, não poderia mudar nada, tentaria intervir e levaria um belo de um "chega pra lá". Minhas irmãs jamais admitiriam que eu interferisse em suas vidas, sempre foi assim, desde quando éramos crianças. Elas quebravam a cara quase sempre, na maioria das vezes tomavam decisões erradas, iam por caminhos enganosos e se davam muito mal. Eu tentava avisá-las, dizia: "Você pode se machucar". Mas, elas não me ouviam. Só queria protegê-las, assim como agora, mesmo como mosca; no entanto, elas não me davam ouvidos e ficavam muito irritadas com a minha intervenção, eram agressivas comigo, tinham de impor o que elas achavam que era o certo a todo custo, mesmo com todas as evidências dizendo o contrário elas queriam, de qualquer maneira, provar que sabiam das coisas e, mais do que isso, tinham a intenção de me mostrar que eu estava sempre errado, talvez isso fosse uma forma de dizer: "Você é um nada". Eu não sei por que minhas próprias irmãs cultivavam o desejo de me depreciar. Mesmo muito menino, percebia que elas queriam me fazer sentir inferior. Eu não entendia por que elas agiam assim, de qualquer modo, não me abalava e me esforçava para ajudá-las. Acho que porque eu era homem e tinha um exemplo em casa, meu pai. Assistia a meu pai protegendo minha mãe em qualquer circunstância. Para mim, ele era um super-herói sempre disposto a fazer tudo para defendê-la. Eu me via na obrigação de fazer o mesmo por minhas irmãs, queria ser o super-herói delas, como meu pai era para minha mãe.

    Se quando eu era gente não tinha o poder de ajudar minhas irmãs, agora, como mosca, tenho menos capacidade ainda. Embora as coisas pareçam não ter mudado, percebo que houve uma pequena transformação dentro de mim. Apesar de eu ter o impulso de querer consertar a vida de Eunice e Patrícia, ao mesmo tempo, vejo que isso não vale a pena. Hoje penso que cada pessoa deve ter responsabilidade sobre suas ações e sobre as consequências de seus atos. É mais ou menos assim: estou aqui observando a vida de minhas duas queridas irmãs, muitas vezes sofro com o que vejo, porém, tenho plena consciência de que o que elas estão passando é o resultado de suas próprias ações. A vida é assim, ela nos devolve o que plantamos, se plantamos cenoura, vamos ter cenouras, se plantamos alface, vamos ter alface, não há como mudar isso, é a lei da natureza. Tudo o que minhas irmãs estão passando é porque elas mesmas provocaram isso. São burras? São. Afinal, elas não têm colhido bons frutos. Mas quem sou eu para meter a mão e mudar os fatos? Não sou ninguém. Sou apenas uma mosca indefesa, que vê, ouve e analisa as coisas ao seu redor. Por isso cheguei à conclusão de que não adianta eu achar que sou Deus e que sei todas as coisas, muito menos que tenho o poder de modificar o curso delas. Não, não sou Deus, pelo contrário, sou um reles inseto. O que me resta é continuar a observar e ver onde tudo vai dar.

    Enquanto eu pensava em tudo isso, minhas asas me levaram para a casa da Mediadora. Em um canto escuro da sala, repouso por uns instantes até que sou despertado por vozes vindas em direção ao mesmo recinto em que me encontro. É o casal que está chegando. A Mediadora e o Principal. É madrugada e o casal chega falando alto. Tenho a impressão de que estão discutindo. E estão. "Pare com isso! Você não sabe o que está dizendo!", reclama a Mediadora. O Principal, muito alterado, grita com sua esposa: "Você é ridícula! Você não vê que envolvendo outra pessoa em nossos negócios coloca em risco todos os nossos planos?". A Mediadora se defende: "A

Eunice é uma idiota. Ela está em minhas mãos, eu tenho certeza de que ela jamais vai me trair. A palerma não é capaz de dizer um não para mim, ela é uma serva fiel. Você é que está viajando com essa história de que ela vai acabar com a gente. Não seja ridículo!". O Principal não se contenta com o argumento de sua esposa e retruca: "Você é que não consegue enxergar um palmo diante de seu nariz. Idiota é você que pensa que é a tal e que domina as pessoas. Vê se se enxerga! Essa moça pode sim acabar com nossos planos, basta ela se sentir um pouquinho ameaçada e tudo vai por água abaixo. Eu quero que você desfaça seu acordo com ela imediatamente, finja que você não vai mais separar oferta nenhuma, que tudo vai voltar a ser como antes e faça o serviço você mesma, sem que ninguém desconfie. Eu não estou sugerindo, estou mandando!". A Mediadora deixa o local extremamente irritada; ela vai para seu quarto para tentar se acalmar. O Principal permanece na sala. Anda de um lado para o outro procurando abrandar-se. Ele se dirige a um compartimento secreto localizado em um móvel na sala. O armário tem um fundo falso de onde ele retira uma garrafa de uísque. É claro que ele tem de manter as bebidas bem escondidas, afinal eles são líderes da igreja e não podem, de maneira nenhuma, dar brecha para que alguém encontre bebida alcóolica em sua casa, pois, para a igreja, beber é um dos pecados mais condenáveis. Se a pessoa é honesta, se vai à igreja religiosamente, se tem uma fé inabalável, nada disso importa, se alguém a vir bebendo, tudo cai por terra e essa pessoa é julgada e condenada, ainda que ela não esteja bêbada, mesmo se ela beber apenas socialmente, mesmo assim, uma gota de álcool pode acabar com sua reputação. Por isso o Principal esconde sua bela garrafa de uísque a sete chaves. Nem sua mulher sabe sobre esse esconderijo. Bem, a Mediadora não sabe sobre a metade da vida do esposo. Eles têm conchavos; muitas das coisas ilícitas são feitas em conjunto, mas há muitos outros eventos sobre o Principal de que a Mediadora não tem a mínima ideia.

Os dois refletem separadamente, cada um em um cômodo da casa. O silêncio volta a imperar, mas eu ainda ouço um ruído, é o som dos pensamentos do Principal que ecoa pelo ambiente. Ele pensa em uma forma de resolver essa questão em que sua esposa se meteu ao envolver Eunice no roubo das ofertas. Embora a Mediadora não admita, ele sabe que ela errou e que esse deslize pode arruinar a vida deles. Então, ele tem uma ideia. Vai convidar Eunice para passar um fim de semana em sua casa, mantendo-a por perto é possível controlar melhor a situação. Ele quer ter certeza de que Eunice não vai delatá-los. Depois de tomar seu uísque, o Principal vai para seu quarto para contar à Mediadora sobre seus planos de se aproximar de Eunice para mantê-la sob controle. A Mediadora ouve com atenção o que ele tem a dizer e, apesar de achar desnecessária essa ideia de trazer Eunice para dentro de sua casa, ela concorda. Na verdade, ela quer provar para o Principal que sua influência sobre Eunice é inabalável, com Eunice por perto o Principal vai poder ver que ela tem razão, que minha irmã é quase uma escrava dela. O que Eunice vai achar disso tudo? Eu tenho certeza de que ela não vai notar as verdadeiras intenções de seus líderes.

Começa o jogo. A Mediadora liga para Eunice e a convida para passar o fim de semana com eles. Elas se encontram na igreja para, depois do culto, irem juntas para a casa da Mediadora.

Eunice está radiante. Ela mal pôde acreditar quando a Mediadora ligou para convidá-la para ir à sua casa. Após desligar o telefone, minha irmã imediatamente foi arrumar sua mala para passar o fim de semana na casa de seus amados líderes. Ela tem certeza de que recuperou a confiança da Mediadora e que agora ela terá sua chance de mostrar toda a sua fidelidade e ter o retorno que ela tanto espera: o carinho e a atenção de seus chefes espirituais. É só nisso que Eunice pensa, é apenas isso que ela deseja na vida.

O culto é finalizado, tudo corre perfeitamente bem, do jeito que a Mediadora e Eunice esperam. A mulher endemoniada não foi ao culto hoje, as pessoas deixam o templo rapidamente e Eunice e a Mediadora fecham a igreja e vão juntas para a casa desta última.

Elas chegam ao destino. Eunice mal pode acreditar no que vê. A casa é uma mansão, Eunice arregala os olhos para ver melhor e fica deslumbrada. Elas chegam antes do Principal. A Mediadora leva Eunice para o quarto de hóspedes. O quê? Quarto de hóspedes? Ela vai ter um quarto só para ela? É inacreditável! Eunice nunca podia imaginar que seus líderes vivessem assim, em pleno luxo e riqueza.

Ela tinha ideia de que a condição deles era melhor do que a sua, mas não sabia que era tão absurdamente diferente. Eunice está felicíssima com tudo o que está acontecendo. Agora ela praticamente é íntima do casal e isso é um privilégio para poucos. Centenas de seguidores gostariam de estar no lugar dela. Os membros dessa igreja são obcecados por seus líderes, principalmente pelo Senhor Soberano, que é o líder máximo. É quase idolatria. Os chefes espirituais são vistos como pessoas santificadas, são os ídolos desses indivíduos que frequentam a igreja. Essas pessoas não têm com o que preencher suas vidas, então recorrem a uma igreja para tentar encontrar uma razão para viver. O fato é que, em vez de elas preencherem o vazio com o Espírito Santo de Deus, elas apelam para o amor incondicional por seus líderes. Esses indivíduos precisam de algo palpável para se sentirem seguros, por isso, eles depositam sua fé em pessoas comuns. Com Eunice isso não é diferente. A Mediadora e o Principal são seus deuses e agora ela está próxima deles, ela se sente como um membro da família, uma vez que está dentro da casa dos dois, fazendo parte de sua intimidade.

 Elas ouvem o barulho do motor do carro do Principal e permanecem na sala aguardando por ele, que entra animado, cumprimentando Eunice de forma acalorada: "Eunice! Que bom que você veio! Nós estávamos aguardando ansiosos sua visita. Finalmente!". Eunice agradece ao convite timidamente: "Obrigada, Principal, por ter me convidado, estou muito feliz em poder estar aqui com vocês". A Mediadora oferece um chá. Todos se dirigem à cozinha. A Mediadora prepara a bebida calmamente. O Principal continua sua encenação: "Então, Eunice, eu não entendo por que minha mulher não a convidou antes para vir aqui, nós lhe queremos muito bem, você pode vir nos visitar a hora que quiser, viu?". "Meu bem, não fale assim, Eunice vai pensar que eu não a convidei antes porque tive má vontade, mas você sabe que não é isso. Desculpe o mau jeito do meu marido, Eunice, ele não sabe o que diz. Eu não a convidei antes porque eu e meu marido estávamos muito envolvidos com as questões do templo, você sabe que a igreja consome boa parte do nosso tempo", a Mediadora completa. Eunice, ainda muito encabulada, responde: "Claro que eu sei como vocês... posso tratá-los assim, não posso? Por 'vocês'?". "Claro", concorda o Principal. "Então, continuando, sei como vocês são ocupados com os afazeres do templo. Trabalhar para o Senhor não é uma tarefa fácil, temos de abdicar de muitas coisas para cumprir com nossas obrigações na igreja, sei disso e entendo perfeitamente."

Minha irmã está começando a se soltar. Eu não estou gostando nada disso. Eunice está se embebedando com o elixir venenoso que esse casal patético exala. Está caindo como um verdadeiro patinho na conversa deles. É impressionante como ela não percebe a falsidade da dupla. Cada palavra que sai da boca deles soa a dissimulação. Eles estão forçando uma situação e minha irmã não percebe isso. É como se ela estivesse drogada, ou seja, não mais dona de si.

Felicíssima por estar com seus ídolos, minha irmã é guiada até seus aposentos, pois, depois da conversa amigável, os anfitriões decidem ir dormir. Ela não consegue se conter, está radiante. Quando a Mediadora deixa seu quarto, ela pula agarrada a um travesseiro como se fosse uma adolescente. Pobre Eunice. Não vejo razão nenhuma para tanta euforia, pelo contrário, o que vejo é uma cilada em que minha irmã está caindo direitinho. Tudo bem, ela não está de fora como eu estou, observando tudo o que acontece. Ela não ouviu as conversas que ouvi, mas, mesmo assim, não é tão difícil notar que a Mediadora e o Principal são falsos. Basta reparar na maneira como eles falam, não é natural; eles aveludam a voz tecendo elogios quase como que praticando um encantamento. A maioria se deixa seduzir e com Eunice não é diferente. Ela é levada pelo jeito convidativo e carinhoso do casal e não percebe nas entrelinhas a verdadeira intenção que há por trás dessa aparente doçura. A verdade é que eles são duas víboras e querem apenas sugar a inocência de minha irmã até a última gota.

No dia seguinte, Eunice é despertada pelo cheiro dos lençóis de seda e pelo reflexo dos raios solares que toca sua face como se estivesse fazendo um carinho. É tudo muito diferente do que ela está acostumada. Sua casa é o oposto da residência de seus líderes, além de tudo, Eunice não dá a mínima para sua casa, ela poderia estar melhor, só não está porque Eunice a abandonou, ela não cuida mais de suas coisas, só tem olhos e ouvidos para a igreja. Eunice negligenciou não só sua casa como também sua vida, ela abriu mão de ter uma vida digna em troca de migalhas de carinho e atenção, que nem são sentimentos verdadeiros, porém, para ela, essas migalhas são imprescindíveis para continuar respirando, é uma questão de sobrevivência, é como se fosse uma droga.

Apenas Eunice acorda. O casal ainda dorme tranquilamente. Eunice começa a andar pela casa e a observar, com muita atenção, tudo o que ela vê. Ela nota cada detalhe da casa, desde um pequeno enfeite em cima da mesa de centro até o tamanho dos cômodos. Ao chegar à sala, ela fica encantada com a amplitude do ambiente, as janelas são imensas, deixando a claridade entrar. Eunice se aproxima das vidraças, curiosa a respeito do que há do lado de fora. As cortinas esvoaçam, ela as toca suavemente e as leva às narinas para sentir o doce perfume do tecido. Nada nessa casa parece velho, tudo cheira a novo, tem o odor da novidade e um frescor inigualável. Ao olhar para o lado de fora, Eunice mal pode acreditar no que vê, há um jardim imenso, o verde do gramado brilha com o reflexo do sol que bate nas gotículas remanescentes do sereno da noite. Eunice se impressiona quando vê a piscina gigantesca que faz parte desse magnífico cenário. Ela está tão entorpecida com as maravilhas dessa estonteante residência que não percebe a presença da Mediadora logo atrás dela. Quando a Mediadora a toca nos ombros para que ela olhe para trás, Eunice leva um tremendo susto e dá um grito que ecoa pela casa toda: "Meu Deus!", grita Eunice, olhando para trás freneticamente. A Mediadora imediatamente tenta contê-la para que ela se acalme e não provoque mais barulho, afinal, seu esposo ainda dorme. "Shsss!", com o dedo nos lábios exclama. "Eunice, o Principal está dormindo!" Meio sem graça, Eunice se acalma e começa a falar mais baixo. "Desculpe, Mediadora! Eu não queria gritar, é que me assustei, mas já passou. Mil perdões!" Elas se dirigem à cozinha para preparar o café. As duas parecem ser ótimas amigas, daquelas que contam confidências, que fazem as coisas juntas, que andam grudadas. Mas, não é bem assim que funciona, na realidade a Mediadora não está nem aí para Eunice, ela a vê como uma serviçal. Já Eunice, em sua inocência, acredita que a Mediadora é sua amiga, principalmente agora que ela frequenta sua casa. A líder segue com seu jogo.

Ela se aproxima de Eunice para mantê-la sob controle; se Eunice se desapontar com qualquer coisinha, isso pode desencadear um ódio e minha irmã pode acabar denunciando a Mediadora para o Senhor Soberano. Esse é um risco que ela e o Principal têm de evitar, de qualquer forma, usando de todos os artifícios, fazendo o que for preciso. Por enquanto o caminho mais fácil é manter Eunice por perto, mas, se tiverem de tomar uma atitude mais drástica, eles o farão. Eu vejo isso nos olhos deles. Vejo que o casal é capaz de qualquer coisa para manter seus planos, nada vai impedi-los.

Na cozinha, as agora amigas preparam o café da manhã falando sobre banalidades do cotidiano. Elas comentam, também, sobre a vida dos membros da igreja. Esse é o assunto preferido de Eunice, ela está buliçosa com a conversa: "Não, Mediadora, a senhora precisava ver a cara da Beatriz quando eu falei para ela que ela tinha de se posicionar. Ela fica se queixando da vida o tempo todo e não vê que a solução da vida dela está na nossa igreja. Ela quer receber as bênçãos do Senhor, mas não quer fazer nada em troca. Que absurdo!", Eunice explana. A Mediadora concorda: "Isso mesmo, Eunice, você está fazendo certinho. Você tem de dar bronca mesmo, tem de chamar a atenção dessas pessoas que querem ficar numa boa na igreja, sem fazer nada para o Senhor Soberano. Você tem, inclusive, de cobrar o dízimo dessas pessoas, eu sei de muita gente que não está dando o dízimo e isso é um absurdo! As pessoas querem receber as bênçãos, mas não querem pagar um preço, isso tem de acabar!". E a conversa vai longe, Eunice começa a se empolgar: "Pois é, Mediadora, eu acho um absurdo isso! Por exemplo, a Generosa. A senhora sabe que ela continua saindo com aquele homem que é casado? Eu sei disso, me contaram tudo. Contaram que ela sai com o tal fulano depois que ele deixa o trabalho. Não sei que desculpa ele dá para a esposa, só sei que ele e a Generosa estão tendo um caso e a Generosa, depois de pecar com o tal homem, senta no banco da igreja e finge que nada está acontecendo". E a resposta da Mediadora me deixa estarrecido: "Eunice, veja bem, eu sei de tudo isso que está acontecendo com a Generosa, mas você precisa entender que ela não está errada, sabe por quê? Porque ela está sendo guiada por Satanás, coitada. O Diabo colocou na cabeça dela que ela deve sair com esse homem e ela está fazendo isso. Generosa é uma boa pessoa, não tem culpa de nada. E tem mais, ela é uma das pessoas que dá o dízimo certinho, nunca falta, todo mês vêm lá os 10% de tudo o que ela recebe e olhe que ela ganha bem! Ela é corretora de imóveis e é uma excelente vendedora, então, recebe comissões altíssimas. Além disso, Generosa dá as ofertas, paga os carnês dos compromissos que a igreja assumiu, ela faz tudo direitinho, por isso não podemos julgá-la. Uma hora Deus vai abrir seus olhos e ela vai abandonar o adultério". Estou ansioso para saber o que minha irmã vai falar sobre esse argumento da Mediadora. "A senhora tem razão, Mediadora, Generosa é uma mulher de Deus, ela só está passando por uma fase difícil, mas Deus vai cuidar disso." Essa foi a resposta de Eunice. Como pode? Como uma pessoa pode ser tão submissa assim? Eu não acredito no que estou ouvindo! Minha própria irmã sendo dominada por uma gente sem escrúpulos. Minha irmã, um membro de minha família, que agora parece ser um ser inanimado, um boneco de fantoche, que é manipulado de um lado para outro sem reação nenhuma. Eunice! Preste atenção! Olhe a asneira que essa mulher está dizendo! Ela quer que você acredite que se alguém está cumprindo com os compromissos financeiros da igreja está tudo certo, mesmo que essa pessoa esteja fazendo alguma coisa lá fora que não condiz com os princípios da igreja mesmo assim, está tudo okay. A Generosa está cometendo o menor dos pecados, mas, e se ela praticasse o pior? E se Generosa matasse alguém, por exemplo? Será que ela também seria "absolvida" desse pecado só porque ela põe dinheiro na igreja? É possível que sim. Eu gostaria que minha irmã acordasse. Queria sacudir seus ombros e gritar bem alto: "Eunice! Acorde! Abra seus olhos! Acorde desse pesadelo! Você precisa se libertar e pensar por si mesma".

Não adianta, é inútil, ela não pode me ouvir, não sei por que insisto nisso, acho que é por causa da agonia que sinto ao ver a falta de reação de minha irmã. Eu não me conformo com isso, nós não fomos criados para ser fantoches nas mãos das pessoas, principalmente de pessoas como essas, sem caráter, dissimuladas, uma gente que age de modo muito diferente daquilo que nos foi passado em nossa infância. Eunice está em um mundo distante do que é nossa família. Ela se afastou de nossa essência, vendeu sua alma, se esvaziou de nós.

Eu não estou aqui para julgar Generosa. Ela é uma pessoa adulta, capaz de escolher seu caminho, todos nós ao alcançarmos a fase adulta acabamos exercendo esse direito, o de fazer nossas próprias escolhas. O que me assombrou foi o fato de a Mediadora passar por cima dos preceitos da igreja por causa da vantagem financeira que Generosa proporciona. Ora, afinal a igreja condena o adultério, não é assim? Porém, como Generosa é uma "pagadora" fiel, ela "pode" fazer o que bem entende. A igreja não vai acusá-la de adultério nem vai aconselhá-la a parar de sair com o tal homem casado. Aliás, o que a Mediadora sugere é que a culpa de Generosa adulterar não é dela, mas do Diabo. Generosa, a boa pagadora, não tem culpa de nada, o errado é Satanás que fica colocando caraminholas na cabeça dela. Então, deixemos que Deus cuide disso, que Ele lute contra Satanás para salvar Generosa do tal pecado. Enquanto Generosa estiver depositando parte de seus recursos na igreja está tudo certo, todas as coisas que ela faz se tornam lícitas, justificadas, ou é culpa de outrem.

Generosa é uma pessoa generosa, como seu nome diz, não a considero uma pecadora pelo fato de ela estar saindo com um homem casado, mas a igreja a consideraria. Não gostaria que ela fosse julgada pela igreja, as pessoas são livres, elas têm o livre-arbítrio que a própria igreja prega, o que me incomoda são os atos contraditórios da igreja em função de seus interesses. O que estou observando aqui é "se você der dinheiro à igreja, faça o que quiser", estou vendo pessoas que pregam princípios pudicos, mas, ao mesmo tempo, não os levam a sério. É essa contradição que incomoda, mas que não afeta minha irmã, que vai se arrastando nessa situação, sem parar um minuto sequer para pensar.

Minha preocupação é que isso se torne ainda pior, que a igreja "abone" qualquer tipo de ação para conseguir mais dinheiro. Isso é muito perigoso. Eunice pode estar entrando em um emaranhado de tramas que talvez a levem direto para o inferno, e não é isso que minha irmã quer.

O fim de semana foi espetacular, tudo correu bem, pelo menos aos olhos de Eunice. Para mim os acontecimentos desse fim de semana não foram tão maravilhosos assim. Queria que minha irmã visse o que vejo quando sobrevoo os ambientes, gostaria que ela ouvisse as conversas mais íntimas, aquelas que eu escuto pelos cantos da casa. É claro que ela não pode fazer isso, pois não tem esse dom, esse poder foi concedido apenas a mim, porque eu desejei do fundo de minha alma ser essa mosca que sou agora, quis isso com todas as minhas forças porque queria ter o controle das situações. Eu ansiava em ter o poder de saber de tudo, de estar em qualquer ambiente sem que as pessoas percebessem minha presença para poder analisar, direto de seu espaço mais reservado, o que se passa com elas e ao redor delas. Ora, que pretensão a minha. Eu queria ser meio Deus, mas na pele de um inseto. Como pude pensar isso? Agora estou aqui, praticamente invisível aos olhos humanos, apenas quando incomodo com o zumbido do bater de minhas asas é que as pessoas notam minha presença, porém elas nem imaginam que eu tenho uma consciência, então, me enxotam como a coisa mais insignificante que existe. Não me sinto rejeitado, compreendo que as pessoas tenham essa atitude, o que me incomoda é o fato de eu não conseguir interferir nas situações mais absurdas que tenho visto. Estou aqui vendo e ouvindo tudo, mas ninguém me vê nem me ouve. É estranha essa condição. Quando eu desejei ser uma mosca, todo dono de mim mesmo, querendo saber de tudo o que acontece na vida alheia, eu me esqueci de pedir para ter voz. Pois é, eu não tenho voz. Ao mesmo tempo, fico aqui pensando que, se pudesse falar, se iria adiantar alguma coisa. Talvez eu esteja sendo ingênuo, porque os humanos não costumam dar ouvidos a outros seres humanos. É assim que funciona. Por exemplo, vamos supor que, de repente, eu me tornasse gente. Então iria até minha irmã e lhe diria: "Eunice, você está sendo enganada, a Mediadora e o Principal não são quem você pensa que são, eles estão usando você para embolsar o dinheiro da igreja". Sabe o que iria acontecer? Ela me ignoraria por completo. Faria isso de tal forma que eu perceberia logo que não adianta tentar convencê-la. Além de ignorar meu alerta, ela seria agressiva, discutiria comigo como se estivesse defendendo a tese de que ia salvar o planeta da destruição. Eunice jogaria na minha cara trechos bíblicos justificando cada ato de seus líderes e me acusaria de ser um pecador por estar difamando pessoas "escolhidas" por Deus. Isso é o que iria ocorrer caso eu denunciasse os "abençoados" líderes de minha irmã

Eunice. Por isso não entendo essa minha angústia. Meu papel aqui é só esse, observar o que acontece no cotidiano das pessoas, mesmo em seus momentos mais privados e até testemunhar o que se passa dentro do íntimo de cada um desses seres, como, estranhamente, algumas vezes já aconteceu. Resta-me continuar meu caminho aqui e ali e, quem sabe, lá na frente eu possa fazer alguma coisa boa com essa experiência, porque agora estou de mãos atadas, estou impossibilitado de ter qualquer tipo de reação. Tenho de me conformar com isso, por enquanto.

*

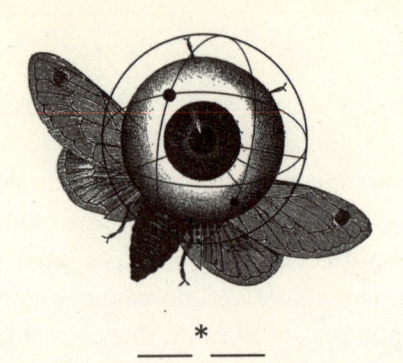

Eunice volta para sua rotina doméstica, mas sua cabeça ainda está no fim de semana que ela passou com a Mediadora. Agora se sente mais confiante, Eunice acredita que a Mediadora realmente tem apreço por ela. Precisava disso para se sentir mais importante, pois estava desanimada, principalmente depois do episódio com a tal mulher louca da igreja, ela não esquece que decepcionou a Mediadora naquele momento. Mas, agora, isso passou. A Mediadora é sua amiga, o Principal também e, daqui para a frente, as coisas vão mudar. Quem sabe, até, ela não tem um reconhecimento especial por parte de seus líderes. Isso! De repente eles olham para ela e lhe dão mais responsabilidades, enaltecendo-a perante os demais. "Isso seria incrível!", divaga Eunice sobre seu futuro.

Seu dia a dia não muda, ela está agora em casa e, em vez de ir cuidar das coisas, enfia a cara na tela do computador. Esse é outro artifício que Eunice usa para fugir da vida real, a internet. Qualquer coisa que minha irmã encontrar pela frente que faça com que ela não pense em si mesma nem sobre como anda sua vida, ela agarra com todas as suas forças para não ter de encarar a realidade.

Meus sobrinhos também não estão preocupados com a situação, a casa está em um estado deplorável, mas ninguém move um dedo para transformá-la em um lugar habitável. Eles entram e saem como se morassem em uma pensão, mal trocam duas palavras com a mãe e já vão cuidar de suas vidas. Eunice não liga para isso também. Ela não consegue desgrudar os olhos do computador, fica respondendo a mensagens como se fosse uma maluca, parece que está sob o efeito de algum medicamento. São milhões de coisas que ela tem de fazer e tudo é prioridade. Ninguém é capaz de realizar mil atividades ao mesmo tempo e com perfeição, mas Eunice acha que pode. Olhando daqui de cima, quase fico sem fôlego com tantas tarefas que minha irmã tem de executar. Tenho plena ciência de que é uma característica de Eunice abraçar o mundo; ela não ajuda o outro a resolver seu problema, mas absorve o problema para si. Toma a frente, diz o que a pessoa tem de fazer, que tipo de atitude deve tomar e não a deixa em paz enquanto não fizer o que ela está mandando. Eunice não sugere, não aconselha, ela manda, ordena e, se a pessoa não obedecer, coitada, eu tenho dó, pois vai cair na língua de Eunice, vai ser caluniada até o último fio de cabelo. Minha irmã não vai deixar que ela saia ilesa, Eunice vai falar mal dela até que todos concordem a respeito disso. Eunice, a sabe-tudo, a dona da razão. Fiel à igreja, fiel a seus líderes; frequentadora árdua do templo; pessoa disposta a realizar qualquer coisa que seus líderes pedirem. Ela se considera um ser perfeito dentro da igreja, e fora dela também. Eunice é incapaz de reconhecer um defeito, sequer, em si mesma. Não. Ela não peca. Não erra. Não desaponta.

E continua a trocar mensagens com os membros da igreja ao mesmo tempo que observa a vida alheia nas redes sociais.

Daqui de cima, o que eu vejo é que Eunice tem duas vidas paralelas, uma que vive na igreja e outra que vive na internet. É como se ela fosse um avatar. Habita em mundos diferentes, o único lugar em que ela não está é dentro de sua própria vida. Minha irmã foge de sua própria realidade como o Diabo foge da cruz. Eu fico aqui pensando o que a levou a abdicar de si mesma. Eunice se anulou, ela vive uma vida de fantasias, na qual ela se esforça ao máximo para provar que está bem, que não tem problemas. Quer mostrar para as pessoas que vive de maneira santa, correta e que, por isso, ela tem essa vida apropriada, mas só na cabeça dela está tudo certo, porque, na realidade, sua vida não está nada bem. Eunice vem se afundando nesse mundo que ela diz ser cristão; tem se enterrado em situações que, imagino, não são nada agradáveis aos olhos do Senhor a quem ela diz servir. Está aí. A pergunta é: a que deus minha irmã serve? Ao Deus que o cristão chama de verdadeiro ou aos deuses em pele de humano que ela chama de chefes espirituais? Essa é a questão, o que Eunice não percebe é que ela está seguindo um caminho que considera confortável, afinal, é mais fácil obedecer às ordens de pessoas comuns, como ela, do que ter de satisfazer a vontade de um Deus que ninguém vê, que, embora os cristãos digam que está perto, para ela esse Deus está muito longe. Mas minha irmã segue pregando as mesmas palavras que a igreja proclama. E é aquela velha história, ela prega uma coisa e faz outra. A própria igreja diz que maldito o homem que confia no homem. Eunice apregoa isso, mas não segue o que ela mesma fala.

Melhor fez Patrícia, que assumiu seu descontentamento com a própria vida e partiu, sem pudores, para outra, uma vida que ela acha que é melhor do que a que ela vivia. Pelo menos Patrícia foi honesta consigo mesma, pode não ter sido verdadeira com Armando e os filhos, mas com ela mesma ela foi correta. O caso de Eunice é diferente. Ela vive uma vida falsa e não assume que deseja outras coisas além do que a igreja lhe oferece.

E nessa vida de ilusões, Eunice segue fazendo tudo igual. Depois de dar ordens a Generosa, ela, agora, vasculha a vida alheia nas redes sociais. Eunice quer saber o que cada membro faz fora da igreja. Olha perfil por perfil procurando algo que fuja dos padrões considerados corretos pela igreja e, quando encontra, ela se realiza, porque agora pode falar mal dessa pessoa, agora Eunice está liberada para entregar a seus líderes esse membro desviado. Minha irmã não tem pudores em apontar o dedo para os outros. Eunice se alimenta disso; para ela, julgar e condenar as pessoas é natural. Fico assustado com esse fato, às vezes tenho a impressão de que minha irmã é uma psicopata. Parece que ela não tem sentimentos.

Nesse momento, Eunice procura a página da mulher maluca que aparece na igreja de vez em quando. Ela precisa saber quem é essa mulher, o que ela faz e por que age daquela maneira estranha quando está na igreja. Então, Eunice procura, procura e procura, mas não acha nada. Eu já imaginava isso, aquela mulher não tem jeito de quem participa dessas coisas modernas, ela me pareceu uma pessoa diferenciada. Não consigo vê-la nesse mundo fútil.

Eunice fica decepcionada quando não encontra a tal mulher, então desvia sua atenção para outra pessoa.

Enquanto olha o perfil de mais um personagem da igreja, ela começa a sentir uma vibração estranha. Seu corpo começa a tremer, Eunice sente calafrios, suas mãos suam frio. Ela tem a sensação de que vai desmaiar. O que será que está acontecendo? Eunice não tem ideia do que está se passando com ela, estava tão bem há apenas alguns minutos. Eu também não sei o que é isso, não compreendo por que Eunice está se sentindo mal, se até agora estava tão bem. Ela se levanta e deita no sofá. Posso ver o suor escorrendo por seu rosto. Minha irmã realmente não está bem. Meu Deus! O que eu faço? De repente, percebo que ela está se acalmando, seu corpo está reagindo e ela vai melhorando gradativamente. O que foi isso? O que acabou de se passar com minha irmã? À medida que Eunice vai melhorando, ela começa a se levantar e volta para a tela do computador. Ela está chocada com o que acabou de acontecer, Eunice desconhece as razões que a fizeram se sentir mal repentinamente e por que esse mal-estar durou tão pouco tempo, assim como começou, parou. Ela ainda está um pouco desnorteada. Tenta se recompor e retomar suas atividades no computador, mas não consegue. Então, Eunice se deita novamente e adormece no sofá. Estou agitado com esse acontecimento. Dou um voo rasante para ficar mais perto de minha irmã. Pouso no braço do sofá, perto da cabeça dela. Posso ouvir sua respiração ofegante. Ao chegar perto de Eunice, sinto algo estranho, é como se houvesse um campo de força a envolvendo, posso ouvir um ruído curioso, é um som vibracional. Não imagino o que aconteceu para que minha irmã passasse mal desse jeito, mas sinto que há algo por aqui. Tenho a impressão de que alguma coisa possuiu Eunice e mexeu com seu corpo físico, de alguma forma essa coisa bagunçou a estabilidade dela e a derrubou. Um minuto. É isso! Quando Eunice começou a passar mal ela estava bisbilhotando a internet na tentativa de encontrar a mulher estranha. Será que isso tem alguma coisa a ver com o mal-estar que sentiu? Eu não duvido, porque pude sentir o poder que aquela mulher tem, senti de perto a vibração energética que exalou na ocasião em que se sentiu ameaçada. Talvez tenha sentido que Eunice estava atrás dela, querendo fuçar sua vida, acho que isso é bem possível, afinal essa mulher ainda é um mistério para mim, sei que existe algo por trás daquela aparência de doce velhinha. Ainda posso perceber a vibração em torno de Eunice, ela está adormecida e talvez não esteja sentindo nada, mas é certo que alguma coisa a acometeu, algo tomou posse de seus sentidos e de sua força física, destroçando-a como se ela fosse um nada. Estou preocupado, mas ainda posso vê-la respirando. Eunice adormeceu como uma rocha, caiu como um gigante. Ao mesmo tempo que minha preocupação é real, sinto que minha irmã vai ficar bem, pois as coisas estão ficando claras para mim, não tenho certeza do que vou falar, mas acho que o que a atingiu foi a força de uma energia muito potente tentando alertá-la sobre o fato de ela estar mexendo onde não deve. Essa coisa que baixou em Eunice tentou lhe dizer: "Deixe-me em paz". Eu acredito que tenha sido isso, apenas uma advertência de que minha irmã não deve se meter com quem ela não conhece. Sinto isso. Pressinto que há muito mais coisas sobre a tal maluca da igreja do que podemos imaginar. Logo de cara percebi que devemos respeitá-la, compreendi que ela é uma pessoa especial, diferente de todos nós, reles mortais.

Eunice está acordando. À medida que se movimenta eu voo de novo para o canto da sala. Ela parece meio atordoada ainda, mas está bem. Ela vai levantando devagar e quando olha no relógio dá um pulo do sofá. Percebe que está atrasada para o culto. Então, corre para o banho e se arruma rapidamente. Tento acompanhar cada movimento, mas é quase impossível, parece que Eunice é mais rápida do que eu em meus voos rasantes.

Noto que ela não está preocupada em saber o que a levou a se sentir daquele jeito, com aquele mal-estar. Eunice foca na igreja, que ela tem de chegar lá logo, então não consegue pensar em mais nada. Mas fiquei intrigado com o que aconteceu e quero desvendar esse mistério.

*

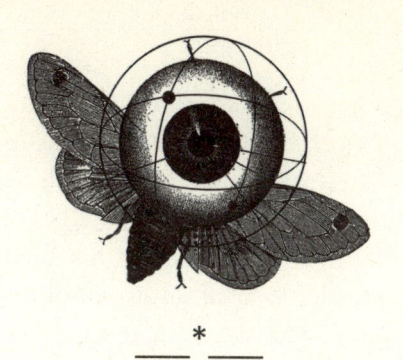

Mais um culto se inicia. A Mediadora já está no púlpito pedindo ao povo que entregue suas ofertas. O discurso é sempre o mesmo, se o membro quiser que as coisas mudem em sua vida, ele deve dar uma oferta. Deus não faz as coisas de graça, Ele quer um sacrifício em troca, essa é a teoria. A maioria dos membros da igreja está, por alguma razão, desesperada; há sempre uma desgraça acontecendo na vida dessas pessoas, por isso elas vão à igreja, para tentar encontrar uma solução para seus problemas. Chegando lá, elas acabam aceitando as condições, pensam: "Se é necessário que eu dê tudo o que tenho para resolver meu problema, vou dar". Os membros dessa igreja acreditam que, ofertando a Deus, Ele vai olhar para eles e vai se compadecer de seus problemas e, assim, estenderá suas mãos sobre eles e os ajudará. Essas pessoas acreditam nisso porque é essa a história incutida na cabeça delas, e não é só isso, elas confiam cegamente em tudo que sai da boca da Mediadora ou de qualquer outro líder, sua ingenuidade é tão estapafúrdia que acabam colocando toda a sua confiança em palavras manipuladoras.

Então, a Mediadora continua com seu discurso; como de costume, sua voz se transforma, surge uma rouquidão forçada, sua voz fica trêmula para mostrar uma sensibilidade ou uma fragilidade e, com isso, tornar o momento mais íntimo. Essa alteração na voz é estratégica, a intenção por trás disso é passar a mensagem de modo subliminar, indicando ela é igual a todos que estão ali. O intuito é se aproximar das pessoas, deixá-las mais sensíveis, mais vulneráveis, mas elas não percebem isso e se deixam levar por essa voz fragilizada, suave, amorosa.

Esse truque da voz não é só nesse instante de recolher as ofertas, durante toda a ministração o tom da voz da Mediadora se altera. Ora é para comover, ora é para chamar a atenção, ora é para repreender. No mesmo momento em que a Mediadora prega em um tom mais baixo, de repente ela grita chamando a atenção das pessoas. E a igreja se exalta, estendendo suas mãos e gritando "aleluias". Alguns choram, outros repetem a língua estranha ensinada pela igreja, há um completo alvoroço. Então, a Mediadora volta a falar em um tom mais baixo e os membros vão se acalmando e voltam a prestar atenção em suas palavras. Enquanto isso, Eunice e outros membros da igreja estão pelos corredores intercedendo com suas orações.

Como sempre, noto que há uma energia no ar, apesar da manipulação explícita, esse evento gera uma carga energética, não posso negar isso, sinto algo diferente, percebo que alguma coisa acontece nesse momento da pregação, algo que vai além da intenção de enganar as pessoas. Não sei que tipo de espírito participa desse instante, não tenho certeza se é o Espírito Santo ou se outro espírito desconhecido, o fato é que os cultos não passam despercebidos, é inegável que esse ritual mexe com alguma coisa além de nossa imaginação, acho que é porque há muitas pessoas envolvidas e todas estão concentradas no mesmo objetivo. Pode ser que toda essa energia voltada para um mesmo fim abale as estruturas celestiais e anjos acabem descendo até este lugar para espalhar ainda mais essa vibração energética que surgiu entre a Mediadora e as pessoas que assistem ao culto. Tudo isso é muito estranho, independentemente da intenção de cada um, tanto da Mediadora como dos membros, eles ainda conseguem gerar algo positivo, mesmo sem saber.

A ministração prossegue; enquanto isso, dou uma olhada em torno do salão e percebo que a tal mulher maluca está sentada lá atrás, no último banco. Ela participa fervorosamente do culto, noto que ela está inteira ali, está entregue a esses minutos santificados. Penso que não é à toa que ela vem para essa igreja mesmo sendo atacada pelas pessoas daqui; assim como eu, essa mulher também tem o conhecimento de que anjos voam por aqui durante a ministração. Ela sabe disso e é por essa razão que ela vem até aqui todos os domingos, ela quer se encher da força que é conduzida pela energia vibratória que ocorre no instante em que todos estão clamando. Essa mulher não é nada boba.

O culto termina. Como habitualmente acontece, alguns membros permanecem no salão por mais algum tempo para conversar, interagir com seus líderes ou simplesmente usufruir dos outros recursos que a igreja oferece, como a lanchonete e o bazar. A maioria quer mesmo é chegar perto da Mediadora, eles almejam tocá-la, conversar com ela, a tratam como se fosse uma superstar.

 Enquanto isso, Eunice avista a mulher indesejada, ela tenta disfarçar seu olhar, mas fica evidente que está incomodada com a presença da tal senhora. A mulher continua sentada no fundo da igreja, ela não se mexeu desde que o culto acabou. Algumas pessoas também percebem sua presença e olham para Eunice exigindo uma atitude. Eunice não sabe o que fazer, ela não sabe se vai até lá e pede para a mulher se retirar ou se a deixa em paz até que ela mesma tome a iniciativa de sair. A senhora está calma, está sentada no banco da igreja com os olhos fechados como se estivesse orando. Começo a ficar incomodado com a movimentação, percebo que Eunice e outros membros podem importunar essa mulher sem motivo nenhum, como aconteceu da última vez. Quero gritar: "Deixem essa mulher em paz!", mas não consigo. Não sei por que, mas quero proteger essa senhora, meu instinto me diz que ela não é uma má pessoa; essas pessoas estão delirando quando acreditam que ela é maluca ou endemoniada. É ridículo isso! Minha vontade é de ir até a senhora e lhe dizer: "Vá embora daqui, essa gente vai agredi-la". O máximo que consigo é me aproximar dela; pouso no seu ombro e ela não percebe, está tão concentrada que não escutou o ruído de minhas asas perto de seu ouvido. De repente, um sentimento de paz toma conta de mim, me acalmo e um alívio me sobrévém. Nessa hora, confirmo em minha mente que essa mulher é especial, ela é uma espécie mais extraordinária do que eu, que era homem e agora sou uma mosca. Ela emana sabedoria e é capaz de sossegar um coração aflito somente exalando sua energia boa.

 Então, no momento em que os membros pressionam Eunice para que ela tome uma atitude contra a mulher, a senhora se levanta e deixa a igreja calmamente, ignorando as pessoas que têm a deturpada intenção de maltratá-la. Assim que ela se movimenta para sair, deixo seu ombro e voo para um canto qualquer do salão, mas, de repente, decido que vou seguir a tal mulher. Então, vou me afastando, vou seguindo em direção à senhora e quando olho para trás vejo a feição de espanto das pessoas, elas não esperavam que a mulher fosse se levantar e sair tão repentinamente. Na verdade, elas queriam que a senhora ficasse parada ali, onde estava, para, então, poderem atacá-la como um animal acuado, totalmente sem saída, esperando seu caçador se aproximar para matá-lo. Fiquei assustado com essa visão, às vezes as pessoas me assombram de tal forma que não consigo assimilar a reação delas.

*

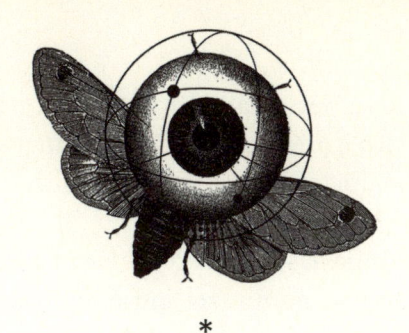

À medida que a mulher se afasta da igreja, deixo o salão para trás e me concentro em segui-la. Ela caminha até uma rua bem escura e deserta. Onde será que ela vai? Por que está se arriscando, adentrando por essa rua sombria? De repente, eu a vejo entrando em um carro preto; acelero meu voo para entrar no veículo antes que ela feche a porta. É um carro enorme, acho que é um Rolls-Royce. Como essa mulher de aparência tão simplória está em um carro como esse, que somente gente muita rica pode possuir? Ao volante há um homem com um quepe. A senhora está no banco de trás e lhe diz: "Vamos, Romero, vamos embora". Romero? Quem é Romero? Quem é essa mulher? É a primeira vez que ouço efetivamente sua voz. Ela tem uma voz suave, como eu imaginava. Fala baixo, de maneira muito educada. Romero, então, pergunta: "Como foi hoje, senhora? Foi tudo bem?" A doce senhora responde com um discreto sorriso no rosto: "Sim, Romero, foi tudo bem. As coisas ocorreram do mesmo modo de sempre, nada mudou, mas, como você sabe, eu não me importo com isso, estou focada na minha missão, o que as pessoas daquela igreja fazem não me importa".

Estou chocado. Aquela senhora simples, que a igreja tanto recrimina, é uma dama e parece que é muito rica. Se minha irmã souber disso, não sei o que ela pode fazer.

O carro adentra por um portão imenso, imponente. Sobe por um caminho arborizado. Está escuro, não consigo ver direito, mas há algumas luzes que iluminam as árvores. O motorista para o carro em frente à entrada principal da casa. A senhora desce do veículo e entra por uma porta majestosa, toda detalhada, digna de um castelo. Vou atrás dela voando um pouco mais alto para que não note minha presença. A casa é de uma beleza impressionante, para todo canto que eu olho, vejo coisas de uma magnitude ímpar. Cada detalhe mostra que quem vive nessa casa é muito rico, não sei o quão rico é, mas deve ter muito dinheiro. Eu não imaginava isso. Quem olha para a tal mulher maluca não consegue visualizar o que há por trás daquela imagem de humilde senhora.

 Ela sobe as escadarias e se recolhe em seu quarto. Enquanto toma banho, eu observo o admirável aposento. Assim como a entrada da casa, o quarto principal é espetacular. A cama é gigantesca, os lençóis são de seda, o cheiro desse lugar é inebriante; sinto-me como se estivesse em um castelo, como aqueles que vemos nos filmes. Esse lugar é muito diferente do que estou acostumado a ver, nunca vivenciei algo assim.

 A senhora termina seu banho e deita-se em sua fantástica e aconchegante cama. Ela não pode me ver aqui, moscas não combinam com esse ambiente impecavelmente tratado. Se ela me vir, vai me enxotar ou vai chamar um de seus empregados, imagino que ela tenha muitos, para me botar para fora de seu quarto. Eu acabo adormecendo também.

 No dia seguinte, ela acorda com a leve luz do sol atravessando as brancas cortinas de seu aposento. Uma mulher uniformizada entra no quarto. Ela traz o café da manhã. A senhora, gentilmente, agradece e toma seu café com uma aparência serena. Seus gestos são os mais delicados possíveis. Dá para perceber que essa senhora vem de uma estirpe abastada. Ela age de modo muito distinto, totalmente diferente do que estou acostumado a ver lá em minha vida mediana. Mas o que será que ela pretende indo à igreja da minha irmã? Ela é maltratada lá e mesmo assim continua a frequentar os cultos. E que poder é esse que ela tem? Sei que ela tem algo especial, algo que senti em algumas ocasiões durante o culto. Ela não é um ser humano qualquer, essa mulher é exclusiva e singular.

 Passo o dia inteiro acompanhando a distinta senhora. Para uma pessoa de posses, sua rotina é normal. Ela resolve as coisas da casa com os empregados, depois sai para fazer algumas compras; encontra-se com amigas para tomar um chá, sempre acompanhada de Romero, o motorista. Mas até agora não consegui descobrir por que essa senhora frequenta a igreja de minha irmã e o que ela tem de especial que faz com que toda aquela energia seja emanada. Até que, no final do dia, quando a noite vem chegando, ela está em casa conversando com um dos empregados. Parece que é o mordomo, ele se veste de maneira aristocrática e fala de um jeito diferenciado, pronunciando muito bem as palavras, sem erros de concordância ou de qualquer outro tipo. Ele mostra estar no mesmo nível que a dona da casa. Então, eles conversam enquanto tomam um chá: "Tenho certeza de que a senhora irá conseguir o que deseja. A senhora sempre consegue. Não há nada neste mundo que lhe seja impossível", aborda o mordomo. Uma suave risada antecede a resposta da doce senhora: "As coisas não são bem assim, Levi. Não tenho superpoderes para concretizar tudo o que desejo. Eu busco, sim, encontrar o ápice de minha evolução, mas, ao mesmo tempo, não sei se sou digna de obter tal proeza. Os deuses é quem sabem. Você sabe que meu objetivo em ir até aquela igreja é encontrar-me com o poder supremo, é estar face a face com Ele, com o Divino, ainda em vida. Vou até esse templo específico porque foi o primeiro que encontrei, tenho certeza de que se eu estivesse indo a outro, sofreria o mesmo tipo de retaliação. As pessoas que frequentam as igrejas são muito estranhas, elas não sabem o que fazem". Não querendo contrariar a patroa, o mordomo concorda: "A senhora tem razão, os frequentadores de igrejas têm um comportamento um tanto bizarro, vejo isso em minha família. Tenho familiares frequentadores assíduos da igreja e eles fazem e dizem coisas sem sentido, eu fico abismado com isso. Não me leve a mal, mas fico preocupado com a senhora, não sei o que as pessoas dessa igreja são capazes de fazer, tenho medo de que elas passem do limite e a ofendam, ou a ataquem de um modo mais hostil, usando até a força, quem sabe...". "Levi, não se preocupe, você está impressionado com as coisas que lhe contei, mas não se incomode com isso, sei me defender, além do mais, tenho certeza de que os anjos estão ao meu lado, eles não permitirão que alguém me faça algum mal"; a patroa encerra a conversa e vai se preparar para sair.

Agora compreendo os motivos que levam essa senhora até a igreja. Da mesma forma que sinto uma vibração muito forte naquele lugar, ela também percebe isso e, em posse desse conhecimento, ela quer se aprofundar, quer chegar ao apogeu que é ter contato com Deus, seu desejo é se aprofundar na intimidade com o Ser Superior.

Enquanto nós vivemos na superficialidade do ser, essa senhora está a passos largos de distância de nossa reles existência. E ela é tão rica, por que se importa com isso, se tem tudo o que deseja? Normalmente, as pessoas buscam exatamente o que essa senhora possui: a riqueza material. Para a maioria, ter bens materiais é o suficiente, porém a sabedoria dessa mulher é superior, e ela entende que ter tudo o que se quer em termos substanciais não é o bastante para ser uma pessoa evoluída, ela necessita de uma experiência elevada, algo que preencha sua existência de maneira plena.

Meu Deus! Obrigado por eu ter tido a oportunidade de conhecer essa pessoa! Mal posso me conter de alegria ao vivenciar tudo isso.

Penso que a riqueza que essa senhora possui é fruto desse dom que ela já devia ter desde criança. A impressão que tenho é de que ela já era uma criança especial e por isso a vida lhe foi bem generosa e lhe proporcionou, com seu esforço ou por outro motivo, uma situação privilegiada. Não conheço sua história, mas, de alguma forma, sei que ela é merecedora desse estilo de vida singular, vida que poucos podem vivenciar.

Ela está se preparando para ir a uma festa. Sua vestimenta é simplesmente espetacular. Ela usa um vestido longo, vermelho, com uma estampa dourada muito delicada. Há um decote generoso, mas, apesar de ela ser uma pessoa já com uma certa idade, seus seios ainda são vistosos, então o decote lhe caiu muito bem. Seu cabelo está impecavelmente arrumado, ela o mantém grisalho, mas de um modo charmoso, que combina com o tom de sua pele. Não tenho o que falar dessa mulher, ela é perfeita, parece advinda de um conto de fadas. Uma empregada a ajuda a terminar de se arrumar. Quando pronta, ela desce as escadarias e a barra de seu vestido escorrega pelos degraus delicadamente. Romero a espera na porta. Ela entra no carro suavemente, seus gestos são leves e delicados. Voo até o teto do carro sem que ela perceba. Quero saber aonde ela vai.

Eles chegam a uma mansão tão grandiosa quanto a residência em que a distinta dama vive. Ela desce do carro e entra na casa, onde há algumas pessoas, todas do mesmo nível. É uma festa. A elegante dama se enturma com as pessoas que ali estão. Todos aproveitam a festa de modo muito requintado. De quem será essa casa? Quem é o anfitrião? De repente, entra no salão principal um belíssimo casal, são muito jovens, mas parece que são os anfitriões. Sim, os jovens são os donos da casa. Muito simpáticos e receptivos, eles cumprimentam um a um, sempre muito educados e reservados. Não sei qual é a relação entre eles e a elegante senhora, parece que são parentes, acho.

A festa vara a noite. Todos se divertem. Em determinado momento a senhora, a quem venho acompanhando, une-se ao casal. Eles sentam em uma mesa reservada. Eu me aproximo. Pouso em um toldo que há sobre eles. Não posso ser notado, caso contrário, serei enxotado. Uma mosca não combina com esse ambiente, sinto-me até mal por ficar voando por aqui, não quero que as pessoas percebam minha presença para não tentarem me repelir. Obviamente elas não vão querer uma mosca por perto. Convidados tão distintos, impecavelmente vestidos, tudo é tão perfeito, um inseto asqueroso como eu não tem lugar em um ambiente como esse, por isso me camuflo pelos cantos, para poder ouvir o que as pessoas estão dizendo sem que elas percebam.

Fixado no toldo, ouço a conversa entre a senhora e os anfitriões. Eles falam tão baixo que mal posso ouvir. O rapaz agradece à distinta senhora pela presença: "Obrigada por ter vindo, é uma honra receber a senhora em nossa casa!". A bela jovem ratifica: "É verdade, tia, a senhora é muito bem-vinda em nossa casa e hoje é um dia muito especial para nós, a senhora ter aceitado nosso convite foi uma satisfação imensa". Tia? Ela disse "tia"? Então, como eu suspeitava, eles são parentes. A conversa continua; o jovem rapaz pergunta como estão as coisas na igreja. "Estão bem. Estou vendo os frutos da minha encenação. Depois que fingi ser uma mulher descontrolada, esse fato, unido à maneira como me visto e me comporto, comprovou o que já esperava: as pessoas que frequentam aquela igreja são preconceituosas, chegam a ser até desumanas. Eles não têm ideia de quem eu sou, pensam que sou uma velha maluca que está na igreja para tumultuar", responde a elegante dama. "Mas, tia, por que a senhora fez isso? Para que passar por esse constrangimento?"; retruca a sobrinha. Serenamente, a tia explica à sobrinha seus motivos: "Meu amor, não fiz isso porque eu quis; fiz porque os espíritos me mandaram fazer. Eles me disseram que eu devia agir desse jeito, passando-me por uma pessoa humilde e anormal, para que visse a diferença que há entre mim e aquelas pessoas. Os anjos sabem de tudo, meu amor. Eles não queriam que eu permanecesse naquela igreja alienada; eles queriam impedir que eu fosse manipulada como a maioria. Agora sei do que aquelas pessoas são capazes, mas isso não importa, vou continuar minha missão. Eles que pensem que sou uma velha miserável e maluca". Os sobrinhos sorriem, concordando com a tia e, nesse momento, todos voltam a aproveitar a festa.

Agora compreendo. Essa senhora tem a importante missão de mostrar o quanto as pessoas são egoístas e mesquinhas. Ela usa o disfarce de uma velha pobre e maluca para evidenciar a perversidade das pessoas. Os membros da igreja que minha irmã frequenta fazem questão de excluir a pobre senhora de seu convívio. Assim como Eunice e seus líderes, aquela gente abomina a presença da mulher maluca, como eles a chamam, e fazem de tudo para mantê-la distante. Eles não têm coração. Não querem saber se a humilde senhora está precisando de ajuda; não se importam com seus sentimentos ou se ela tem um problema de saúde mental. Como a mulher destoa do comportamento geral daquela comunidade cristã, ela é excluída. E que tipo de comportamento tem aquela gente que faz com que sejam sujeitos tão individualistas e interesseiros? Eles fofocam; olham somente para si mesmos; são avarentos, doam dinheiro para a igreja porque almejam receber algo em troca, não para o bem da comunidade; são incapazes de reconhecer seus próprios erros e se acham as pessoas mais corretas do mundo. Essas são algumas atitudes que tenho observado ao sobrevoar o ambiente que eles chamam de lugar santo. Minha própria irmã discrimina a pobre senhora. A primeira vez em que presenciei o repúdio sofrido por essa senhora, fiquei chocado. Não entendia os motivos que levavam aquelas pessoas a tratarem a carente mulher daquele jeito. Agora sei que a tal mulher não é carente nem tem nenhum tipo de doença mental, mas naquela ocasião não sabia disso, e fiquei indignado com a posição daquelas pessoas em relação a ela.

Hoje, vejo que essa senhora tem uma missão muito difícil, pois os membros daquela igreja não enxergam um palmo diante do nariz;

como é dito nos Salmos sobre os ídolos dos gentis, que têm olhos, mas não veem, têm boca, mas não falam, assim são as pessoas que frequentam aquela igreja, ou seja, são incapazes de fazer algo que valha a pena. Eles estão ali por conveniência, vão até a igreja em busca de uma troca que os favoreça. O que importa se há alguém que precise de ajuda? O que isso importa? Nada. Em vez de ajudarem essa pessoa eles apontam o dedo para ela, julgam, crucificam, assim como foi com Jesus. Isso é bem estranho para mim, não entendo essa contradição. Essas pessoas que se dizem cristãs e que têm como base o livro sagrado, que, teoricamente, prega a benevolência, a solidariedade, a compreensão e a indiscriminação, essas mesmas pessoas estão ali agindo de maneira completamente avessa. Mas por quê?

    O destino me traz até aqui, o universo se moveu e colocou em meu caminho essa senhora que tem um coração tão puro. Eu nem sei o que dizer. A convivência com essa doce mulher me trouxe algo que não posso explicar. Ela me elevou a outro nível espiritual, a um plano em que eu nunca havia estado antes, mesmo quando estava em um corpo humano.

*

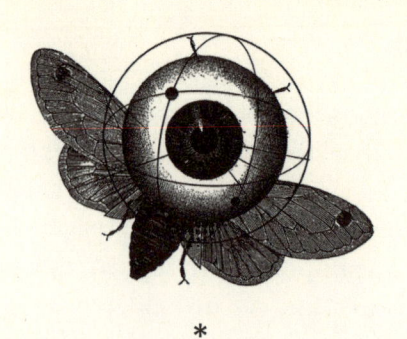

Como mosca, pude aprender mais do que quando convivia com a raça humana. Acho que quando eu era um homem de carne e osso não conseguia ver as coisas direito, é claro, minha percepção era turva como é a de minhas duas irmãs. Às vezes a situação estava clara, ali, na minha frente, mas eu também não a enxergava perfeitamente bem, então tirava conclusões implausíveis e, muitas vezes, desumanas. Talvez se eu ainda estivesse em um corpo de gente, agiria da mesma forma que minha irmã Eunice e minha irmã Patrícia agem. Quem sabe eu não agiria como os membros da igreja de Eunice, menosprezando essa digna senhora? Não. Não seria capaz. Pode ser que eu esteja supervalorizando meu caráter, mas uma coisa é certa, sempre tive um comportamento muito diferente se comparado ao de minhas irmãs, por exemplo. Eu me via diferente, distante daquelas atitudes que me davam náuseas, às vezes. Agora, no corpo de uma mosca, tenho o privilégio de ver as coisas de um ângulo exclusivo e isso me dá alguma vantagem em se tratando de analisar os fatos; porém, antes, na pele de um ser humano, já tinha uma percepção aguçada, não tanto quanto agora, mas meu olhar já era detalhista e cheio de estranhezas. Acho que foi por isso que desejei ser uma mosca, pois, por fim, queria ter uma visão ampla sobre os acontecimentos, queria ser implacável e imparcial em minha análise e, agora, posso fazer isso. Pode ser que eu esteja sendo um tanto arrogante, mas, de fato, o que eu tenho visto e vivido depois dessa fase inseto não deve ser ignorado, afinal é a realidade.

Patrícia, por exemplo, lá está ela com seu novo marido, seus novos filhos e sua nova vida e isso é real, minha irmã abandonou de verdade meu cunhado e meus sobrinhos e escolheu uma nova família para se deleitar. Como eles estão agora? Não sei. Vou sobrevoar pelas redondezas da recém-conquistada vida de Patrícia. Será que suas escolhas deram certo dessa vez? Ou ela irá desistir dessa nova vida que escolheu?

Demorei um pouco para chegar até o local onde Patrícia está morando agora, mas aqui estou eu. E lá está ela, minha irmã. Está chegando à casa; parece que está vindo do supermercado, pois está descarregando seu porta-malas cheio de sacolas. Sua aparência não me agrada, parece abatida. Entramos na casa. Aproveito para aterrissar em algumas frutas que Patrícia colocou em cima da mesa. Estava precisando disso, fazia tempo que não me deliciava com o néctar de uma fruta saborosa.

Patrícia segue tirando as compras das sacolas, porém ela faz isso sem ânimo algum. A casa está em um estado diferente do que era o lar onde ela vivia com Armando, essa é mais organizada, está mais limpa, tem cara de um lar saudável e harmonioso. Mas Patrícia não está feliz. Eu vejo isso em seus olhos. Percebo que ela está voltando a ser a velha Patrícia, com todo o seu desânimo, com toda aquela carga pesada que a impede de ir adiante. Mas estou vendo mesmo a velha Patrícia? Ou será a mesma? Tenho a impressão de que estou presenciando uma vida que eu já conhecia; torno a ver uma mulher caída, uma desistente.

Patrícia está sozinha. Onde estão os outros membros da família? Talvez as crianças estejam na escola e o marido trabalhando, não sei. Minha irmã segue pensativa, fazendo sua arrumação. Talvez eu consiga ler seus pensamentos, já fiz isso outras vezes, deixe-me tentar. As fantasias de Patrícia parecem as mesmas. Aqui está ela, desanimada com a vida de novo. Está nítido em sua feição, seu corpo mostra isso, que Patrícia caiu outra vez na desgraça dos resultados de suas escolhas.

Lá atrás, quando eu a encontrei feliz por ter abandonado sua família e por ter descoberto uma muito melhor, segundo sua ingênua percepção, lembro-me perfeitamente de que pensei: "O que ela está fazendo? Por que trocou uma vida por outra igual?" Ver Patrícia envolvida com outra família não me deixou feliz, apenas fiquei aliviado por não ter acontecido algo pior com ela, porém pressenti que o que ela tinha feito era uma coisa absurdamente estúpida. Aquilo não tinha nenhum sentido. Enquanto isso, eu assistia ao sofrimento de Armando e de meus sobrinhos e de todas as pessoas que conviviam com a família e gostavam de Patrícia. Até hoje, pobrezinhos, eles não sabem o que aconteceu com minha irmã. Todo tipo de desgraça passa pela cabeça deles. Até hoje eles sofrem com isso. É difícil lidar com a perda, é mais difícil ainda não saber o que aconteceu; isso traz um desespero, ficamos descontrolados e sofremos demasiadamente com a dor da dúvida. Meu cunhado e meus sobrinhos ainda padecem com o fato de Patrícia ter sumido da vida deles.

Mas, ela está aqui, em outra casa, vivendo com outra família e, agora, parece que isso não a satisfaz mais. Patrícia vive a mesma angústia de antes, ela sofre do mesmo jeito.

Fico possesso com a irresponsabilidade de minha irmã! A vida não pode ser levada assim, de forma tão leviana. Ela não percebe que magoa as pessoas que estão ao seu redor? Será que ela é tão estúpida assim? Ou tem plena consciência das consequências que seus atos causam às pessoas que fazem parte de sua história, mas simplesmente não liga? Não. Não pode ser que minha irmã, sangue do meu sangue, seja tão gélida a esse ponto. Nós fomos criados à base da moral e fomos ensinados a nos preocupar com as pessoas; ela não pode ser tão inconsequente. Ela não tem esse direito.

Seu novo marido e seus novos filhos chegam. Patrícia havia terminado a arrumação e está no sofá, largada. É como um filme que você assiste várias e várias vezes e vê a mesma cena, uma cena que por mais que já tenha assistido, ela ainda o incomoda, ela exerce o poder de criar em você um sentimento de desespero, porque você não se conforma que aquilo está acontecendo de novo. Mas é um filme que se repete, então, tudo bem, os filmes não mudam, eles são sempre aquilo, mostram continuamente as mesmas cenas, as mesmas falas, o mesmo cenário e assim por diante. Não. Isso não me consola. Não consigo me livrar desse sentimento de indignação. Sim, estou indignado com a atitude de minha irmã, como ela pôde ser tão inconsequente? Pior que isso, ela foi desumana, foi egoísta, só pensou em si mesma e em um ato totalmente irresponsável não pensou direito, não ponderou sobre as consequências, não analisou se era aquilo mesmo que ela queria e saiu fazendo o que desejava, como uma avalanche engoliu a alegria de muitas pessoas e, por ironia do destino, se é que podemos acreditar em destino, ela arruinou sua própria felicidade, porque não sabia o que queria e ainda não sabe o que quer. Patrícia vai em frente e, como um trator, sai tirando todo o "entulho" de seu caminho, sem dó nem piedade. Mas ela não é capaz de retirar o entulho que há dentro de si, essa é a questão, esse foi o motivo do desastre. Agora a vida de Patrícia voltou a ser a mesma de antes, isso estava tão nítido quando ela decidiu trocar seis por meia dúzia, porém, naquela ocasião, era a solução para todos os problemas de sua vida.

Seu atual esposo chega cansado. As crianças correm para todos os lados – incrível a semelhança biográfica! – ouve-se um falatório, um zum-zum-zum. Patrícia permanece imóvel. Seu novo marido chama-lhe a atenção para que ela se levante e faça alguma coisa. Empurrada, ela faz a vontade dele. Ela se levanta, sem vontade, e vai para a cozinha com eles para preparar o jantar. O tal marido está furioso com a falta de reação da esposa. As crianças não percebem o que está acontecendo e continuam com sua típica agitação até que Patrícia esbraveja com elas. O pai não gosta nada do que vê e repreende a esposa. Ele é diferente de meu cunhado, é mais duro, mais firme. Eu tenho de admitir, Armando é um cara mole, não reage, não tem ação para nada. Já esse novo esposo de Patrícia é bem esperto e imponente. Patrícia não gosta que o marido a repreenda e começa uma discussão: "Você não tem o direito de falar assim comigo! Eu não admito isso!", retruca Patrícia. O marido, revoltado, continua a censurá-la: "Você não é a mesma Patrícia que eu conheci! Não me casei com essa mulher fraca, desistente, desanimada com a vida! Não gosto de gente assim do meu lado, minha família não tem essa cultura de irrigar sofrimento, ou você se mexe e muda de atitude ou não vai dar mais para ficarmos juntos!". Meu Deus! E agora, Patrícia? O que você vai fazer? Vai voltar para os braços do Armando? Seria muita cara de pau de sua parte, mas se seu novo marido expulsá-la de casa, para onde você vai? Você está acabada, Patrícia, acabada.

Patrícia se assusta com a ameaça de seu marido e não fala mais nada. Por sua cabeça passam mil coisas. "O que eu vou fazer agora? Preciso me animar senão serei expulsa de minha própria casa. Minha própria casa? Essa casa não é minha, esse homem não é meu marido de verdade, ele é apenas um estepe que arrumei para tentar dar um jeito na vida infeliz que eu estava levando. Mas, agora continuo infeliz. Não entendo. Não sei o que fazer." Patrícia decide ficar calada e se mantém submissa às vontades de seu marido. Ela não tem alternativa, não tem para onde ir, não sabe o que fazer; minha irmã sempre foi ancorada por alguém, ela nunca teve vontade própria. Ela não tinha como se manter, não tinha uma vida própria. Desde que se casou, Patrícia se mutilou, esqueceu-se de si mesma, abandonou sua estima, seus desejos, seu eu. Esse foi o grande problema. Patrícia desistiu de si, se ela tivesse mantido sua individualidade, se tivesse dado mais atenção a si mesma, ela não chegaria aonde chegou, não cometeria tantos erros, não envolveria tantas pessoas em suas embaraçadas decisões. As consequências não seriam tão devastadoras nem para ela nem para as pessoas ao seu redor. Mas, infelizmente, a realidade é essa, Patrícia está novamente embrenhada em uma situação indesejável, está vivendo uma condição que não queria para si; ela está outra vez perdida em um caminho que achava que era o certo, mas, pelo que eu observo, obviamente essa não foi a escolha certa, mais uma vez Patrícia foi negligente consigo e com seus queridos ao tomar a decisão errada. Agora ela se vê sem saída. Eu também não vejo uma solução para essa situação em que minha irmã se enfiou. O que ela vai fazer? Vai abandonar essa segunda família como fez com a primeira? Será que minha irmã vai cometer o mesmo erro? Não. Não é possível que ela repita suas falhas. Estão tão claros os motivos que a levam a ser infeliz, não posso acreditar que Patrícia insista em agir da mesma forma estúpida; não é aceitável que ela caia na mesma desgraça simplesmente porque não sabe o que quer da vida. Isso seria muita tolice.

O que vejo agora é uma pessoa infeliz que não sabe o que fazer com a própria vida, só que dessa vez Patrícia está em um beco sem saída, pois seu marido atual não é complacente como o esposo que ela abandonou; a impressão que eu tenho é de que ele é capaz de largá-la, também, com uma mão na frente e a outra atrás, como ela fez com meu cunhado e meus sobrinhos. Não seria nada mal se ele fizesse isso com ela, afinal "aqui se faz, aqui se paga", não é assim que dizem? Essa expressão é muito verdadeira. Patrícia não tem o direito de fazer o que quer, sendo que assumiu um compromisso com outras pessoas, ela não é uma pessoa solteira, sem filhos, que pode seguir qualquer caminho sem dar satisfação. Ela criou vínculos emocionais que não podem ser desfeitos assim de uma hora para outra. Além disso, o que mais ela pode fazer para sair dessa condição de esposa dedicada e mãe amorosa em que se meteu? Eu não sei, se ela repetir a mesma besteira de sua cabeça de arranjar outra família, está perdida, porque o caminho não é por aí. Patrícia não percebe que a solução não está fora dela, mas dentro dessa cabeça dura. Enquanto minha irmã não olhar para dentro de si, ela não vai encontrar a solução para seus problemas. Não tem jeito, isso é fato. Patrícia não compreende que precisa ser ela mesma, precisa olhar para seus sentimentos e encontrar, dentro de si, a felicidade. Mas ela acha que o que está fora é o que vai fazê-la feliz. Ela pensa que ter uma pessoa ao seu lado e construir uma família com essa pessoa, ela acha que isso tudo vai fazer com que se sinta bem e feliz. É bem capaz que Patrícia saia por aí de novo em busca de outro marido, de outra casa, de outros filhos. Não duvido, pois, em sua cabeça, ela vai encontrar alguém que a faça se sentir bem e realizada. É como se essa pessoa que ela encontrasse fosse lhe dar um sopro de vida e seus pulmões voltariam a funcionar a todo vapor até que ela tivesse aquela sensação agradável chamada alegria. A ingenuidade de Patrícia me espanta. Em que lugar neste mundo nossa alegria pode ser sustentada por outro indivíduo que não seja nós mesmos? As pessoas nos dão o que podem dar, elas têm suas próprias preocupações e seus próprios infortúnios, não são capazes de suportar as tristezas alheias; se fazem isso, sucumbem. Patrícia tem de encontrar outra solução ou ela irá cair na mesma armadilha e será infeliz para sempre.

À noite os pesadelos começam. Deitada ao lado do marido, Patrícia não consegue dormir, sua mente está a todo vapor, são tantos pensamentos que ela não consegue absorver nenhum. Tenta enxergar uma saída para a vida em que se meteu, mas é quase impossível, ela não consegue pensar em uma alternativa a não ser sair dessa casa, deixar tudo para trás, escolher outra família e seguir adiante. Mas que porcaria é essa? Será que Patrícia não tem capacidade de raciocinar? Ela não está vendo que essa opção não é a das melhores? Pior do que errar é persistir no erro. Ouvi isso em algum lugar e faz todo sentido. De novo estou com aquela sensação de impotência, minha vontade é pegar Patrícia pelos braços e sacudi-la até que ela perceba quão irracional está sendo. Mas ela pensa ali sozinha, solitária, em seu mundinho pequeno e restrito, e Patrícia encontra essa absurda solução. Ela quer fazer isso logo porque está infeliz, porque não quer mais brincar de casinha com esse homem, porque não quer mais ser mãe desses filhos. Como uma criança que não quer mais brincar com a boneca, assim age Patrícia: "Não quero mais isso. Pronto". Não! As coisas não são bem assim, Patrícia! Olhe para trás e veja o filme de sua vida, a desgraça que foram esses anos todos e tudo por causa de suas escolhas imbecis. Que absurdo é esse de querer fazer a mesma coisa? Não compreendo essa ignorância nem estou suportando minha total incapacidade de intervir.

No dia seguinte, após seu marido e as crianças saírem, Patrícia organiza seu plano de abandono. Assim como fez com Armando, ela primeiro irá encontrar outra vítima para substituir a atual. Quando encontrar o cavalheiro que lhe acolherá, vai seduzi-lo se fazendo de vítima e aí, então, vai dar o bote. Em um vestido esvoaçante, com um tecido leve quase transparente, Patrícia sai discretamente. Ela não quer que os vizinhos percebam que está saindo, então, nas pontas dos pés para evitar o ruído dos saltos de seus sapatos vermelhos no assoalho, ela deixa a casa, magnífica, com a aparência impecável. Com os cabelos soltos e levemente ondulados e uma maquiagem suave, lá vai Patrícia à caça de outro pretendente.

É inacreditável, mas é isso, Patrícia sai em busca de uma "nova" vida. Como eu não havia percebido esse traço peculiar em minha irmã? Todos esses anos de convívio e nunca notei que Patrícia tem um transtorno, sim, porque esse comportamento só pode vir de uma pessoa perturbada. Minha irmã não consegue encarar a realidade, ela não é capaz de firmar seus pés na vida real e fantasia outra vivência, achando que será mais feliz se trocar uma vida pela outra. A questão é que ela não consegue enxergar que está apenas repetindo o padrão. "Ah! Esse marido não me faz feliz, vou trocar por outro", "Ah! Essas crianças me irritam, vou trocar por outras" e assim ela vai reproduzindo a desgraça; vai alimentando um modelo de vida que não a faz feliz, seja lá com quem ela esteja casada, seja lá que tipo de filhos tenha, o que ela não percebe é que esse estilo de vida não traz a tão procurada felicidade. Patrícia precisa se libertar dos padrões incutidos em sua cabeça desde que era criança, ela está levando essa história de que para ser feliz é preciso encontrar filhos e um marido adoráveis muito a sério. Ela realmente acredita que ter a família perfeita vai fazê-la feliz. Como se fosse possível, ter a família perfeita. Não, Patrícia. Não existe família perfeita. Você está se iludindo com essa história.

Sentada ao ar livre em um café, Patrícia chama a atenção por sua beleza. Ela exala sensualidade, seu perfume percorre as calçadas em busca da presa perfeita para o bote e, então, quando penso que ela está perdendo seu tempo, surge um cidadão muito distinto, pedindo permissão para se sentar com ela. Ela naturalmente gostou da figura impecável do sujeito e deixou que ele se sentasse e lhe fizesse companhia. "Olá! Meu nome é Luiz. E o seu?", inicia a conversa o bem-apessoado rapaz. "Eu me chamo Patrícia." "Que lindo nome! Tão belo quanto a pessoa que o carrega." Patrícia não pode se conter, ela está impressionada com esse homem. Ela gosta de gentileza e esse atraente indivíduo sabe dar atenção a uma mulher. Eles entram em perfeita sintonia. Quando conversam por pouco mais de uma hora, Patrícia olha para o relógio e percebe que tem de voltar rapidamente, pois seu marido e seus filhos estão prestes a chegar em casa. Antes de se despedir, Patrícia dá a Luiz o número de seu telefone anotado em um guardanapo. Ele sorri e os dois se despedem com um beijo no rosto.

Ao chegar a sua casa, Patrícia troca de roupa rapidamente. Ela precisa voltar a ter a aparência de uma singela dona de casa, então, tira toda a maquiagem, prende os cabelos e começa a cuidar dos afazeres domésticos. Minutos depois, seu marido e filhos chegam. Seu esposo não desconfia de nada, para ele está tudo como antes, ele não tem ideia das intenções de sua mulher. Apesar de ele não estar satisfeito com a maneira com que sua esposa tem se comportado nos últimos dias, para ele está tudo bem, em sua cabeça Patrícia está apenas passando por uma crise e logo tudo voltará ao normal. Que ingênuo! Ele não sabe do que minha irmã é capaz; não percebe que, assim como ela fez com o primeiro esposo, ela o fará com ele. Isso nem passa pela cabeça desse crédulo homem.

Os dias passam e Patrícia foge todas as tardes para se encontrar com Luiz. Seu marido nem desconfia até o dia em que chega em casa e sua adorável esposa não está. Ele suspeita de que há algo de errado, mas decide esperar, pois acha que sua esposa logo chegará com uma boa justificativa. As horas passam e não há nenhuma notícia de Patrícia. Então, ele começa a ligar para os amigos para saber se viram sua esposa. Ninguém a viu.

Minha reação é normal. Meus batimentos cardíacos estão normais, essa situação não me afeta em nada. Já vi esse filme, sei o enredo, sei o final da história, não me desespero mais. Nada mudou. Patrícia abandona o homem e vai viver outra vida – igual – com Luiz. Sinto pena desse sujeito abandonado, ele tinha apostado todas as suas fichas nesse relacionamento, para ele sua vida seria feliz e tranquila ao lado da mulher que, até então, considerava perfeita.

Os dias se passaram e o sujeito abandonado tocou a vida para a frente. Do outro lado, vejo minha irmã felicíssima no novo relacionamento. Por incrível que pareça, Luiz também tem dois filhos. Eu quase não posso acreditar que a história se repete, e se repete de maneira tão fiel. Uma atrás da outra. Uma exatamente igual à outra. É bizarro. É ridículo. Mas, enfim, é isso. Lá está minha irmã iludida com sua "nova" história. É assim que ela pensa, ela acha que é tudo novo, tudo diferente. Mas nós sabemos que não é. Obviamente, com o passar do tempo minha inconsequente irmã cairá em si e perceberá que continua infeliz. Será que algum dia perceberá que a felicidade está em ela se livrar de seus monstros internos? Patrícia não vê que a solução para ela se sentir bem e feliz não está do lado de fora, está dentro dela mesma. Minha irmã precisa encontrar dentro de si o ânimo para viver, porém, infelizmente, o que ela faz é buscar a felicidade nas pessoas ao seu redor. Fico triste em vê-la presa ao padrão do casamento. Patrícia quer ser feliz e acha que só o casamento pode fazer isso por ela. Está condicionada. Ela é fraca e não consegue reagir se não tiver alguém para apoiá-la, se não tiver um homem ao seu lado. É vergonhoso ver minha irmã nessa situação. Devo sentir pena? Não sei. O que sinto é um embaraço diante de suas atitudes inconsequentes. Não, não devo apoiá-la, não quero apoiá-la. Quero que ela enxergue suas próprias burradas; quero que quebre a cabeça com suas atitudes tolas; quero que aprenda com seus erros. Não sei quanto tempo isso vai levar, não sei nem se algum dia vai acontecer, mas tenho esperança de que minha irmã vai cair em si e parar de agir feito uma maluca que sai por aí destruindo tudo o que vê pela frente. Basta, Patrícia! Chega de envolver pessoas em seus conflitos boçais; resolva-se sozinha. Pare de trazer para seu mundo mal-acabado pessoas com boas intenções ou com más intenções, que seja; o fato é que elas não têm nada a ver com seus problemas emocionais, com sua total incapacidade de viver a própria vida. Pelo amor de Deus, Patrícia, cresça! Inútil. É inútil esse meu desabafo. Patrícia não pode me ouvir e, mesmo que pudesse, não o faria. Enfim, sigo tomando outro rumo e seja feito o que Deus quiser.

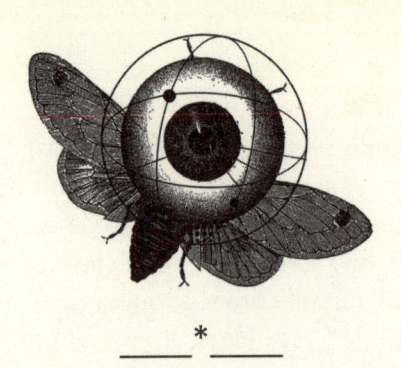

Enquanto isso, voltando a observar a vida medíocre de minha irmã Eunice, vejo que ela ainda tenta encontrar uma solução para sumir com a velha maluca que insiste em frequentar sua igreja. A tal mulher é aquela senhora distinta que eu segui e pude ver que de maluca ela não tem nada. Se Eunice soubesse que a mulher que ela quer expulsar da igreja é rica, isso mudaria tudo. Se a pessoa é rica ela pode doar muito dinheiro à igreja e isso seria muito bom para o fundo particular dos líderes. Mas eles não têm ideia de que a senhora que acreditam ser uma louca é mais lúcida do que eles pensam, e muito rica também. O que fazem é desprezá-la.

Para Eunice, é uma questão de honra dar um jeito na tal mulher. Ela está obcecada com isso. Em um conversa com sua Mediadora, cogita armar um situação para ter um motivo plausível para expulsar aquela senhora da igreja, afinal, eles não podem simplesmente falar para a mulher ir embora, o que os outros membros da igreja iriam dizer? Apesar de todos acharem a mulher esquisita, não podem escancarar isso, essa atitude pode soar como preconceito, eles correm o risco de ser tachados e julgados pelos demais ou por seus próprios líderes. Por isso fica todo mundo em surdina. Ninguém expõe o que realmente pensa sobre a tal mulher e a pessoa que menos se envolve com isso é a Mediadora, deixando tudo a cargo de Eunice, cobrando dela uma solução.

Então, Eunice sugere à Mediadora que elas inventem uma história qualquer, algo que justifique a expulsão da mulher maluca da igreja, algo que faça com que todos possam, finalmente, apontar o dedo para ela e julgá-la sem culpa. A Mediadora não acha uma má ideia e as duas passam a dar forma a esse plano maligno.

Estou chocado. Que porcaria é essa? O que aconteceu com aquela doce criatura que cresceu comigo e que foi educada da melhor forma possível, sob os mesmos princípios éticos dos quais eu também participei? Ocorreu que essa pessoa que não estou mais reconhecendo distorceu nossos valores, resolveu optar pela marginalidade. Minha irmã se rendeu à vida bandida, agora ela não sabe mais o que é ser honesto, ou melhor, deve saber, sim, mas não se importa mais. Não posso acreditar que Eunice tem a intenção de puxar o tapete daquela doce senhora; okay, sei que ela não tem conhecimento de quem a tal mulher é de verdade, porém a questão não é essa, a questão é que, só porque uma pessoa não se encaixa nos padrões propostos pela igreja, ela será rechaçada. Volto a questionar: "Onde está o amor verdadeiro e incondicional? Onde está o amor pregado por nosso Senhor Jesus Cristo?". Está em lugar nenhum. Certamente, nessa igreja que não está. Aqui não há compaixão, não se ama o próximo, a única coisa que tem valor aqui, pelo que posso perceber, são os interesses pessoais, cada pessoa tem suas próprias preocupações e está mais interessada em resolver seus problemas do que ter comunhão com os irmãos.

Eunice segue com seu plano diabólico. A Mediadora concorda com ela e dá carta branca para que minha doce irmã aja da maneira mais baixa e repugnante que eu já vi. Nunca havia testemunhado antes algo do gênero. Minha convivência com Eunice sempre me pareceu sadia e normal, nós éramos uma família unida, honesta e feliz. Pelo jeito isso mudou, e mudou radicalmente. Bem, então minha doce irmã pondera sobre um plano mirabolante para expulsar a mulher que ela considera uma ameaça para o bom convívio entre os irmãos da igreja. Ela tenta encontrar uma mentira para jogar nas costas daquela adorável senhora e ter uma desculpa plausível para justificar a saída dela. Eunice, então, tem uma ideia. Ela combina com a Mediadora o que elas vão falar aos membros da igreja. Elas vão dizer que Deus falou com a Mediadora em sonho e que Ele revelou que a tal mulher tem pacto com o Diabo, que é por isso que ela age de modo estranho, que, na verdade, quando vai à igreja ela fica endemoniada porque o Diabo é quem está no comando. As duas vão dizer também que elas já oraram e já fizeram de tudo para salvar a vida dessa pessoa, mas não adianta porque a senhora não quer ser salva, por isso Deus falou para a Mediadora que ela deve expulsar a tal mulher da igreja. Pronto. A mentira já foi forjada, agora é colocar em prática.

Chega a hora do culto, todos já estão preparados para ouvir a tão esperada pregação. A Mediadora inicia a cerimônia. Vejo que a doce senhora já está sentada ali nos fundos da igreja, como ela sempre faz. Meu coração está disparado, porque sei o que vai acontecer com ela daqui a pouco. Estou agoniado, pois não posso evitar que ela caia nessa armadilha. O culto corre perfeitamente bem, seguindo o padrão de sempre. No momento final, em que todos estão em uma mesma sintonia orando ao mesmo tempo, instante em que a vibração espiritual é fenomenal, apesar de todos os atos estranhos que envolvem essa igreja, é nessa hora que a adorável senhora entra verdadeiramente em contato com o Espírito Santo. Minha reação é voar para perto dela; mesmo sem ter como protegê-la, só o fato de estar por perto faz com que eu sinta que posso fazer alguma coisa, não sei bem o que, mas preciso estar próximo. A igreja está totalmente envolvida pela egrégora da oração. Já a dócil senhora está em perfeita comunhão com o Espírito Santo, mais uma vez posso sentir isso, sinto a força que vem de sua oração, o poder está aqui, ao redor dela, se Deus existe Ele está aqui exclusivamente para falar com essa mulher. Mas as pessoas dessa igreja não entendem isso, elas não conseguem enxergar quão valiosa é a presença dessa senhora na igreja delas, e agora Eunice quer provar justamente o contrário.

Ela e a Mediadora colocam seu plano em prática. As pessoas estão clamando em oração nesse momento, a Mediadora que está com seu microfone na mão inicia a farsa. Ela começa a proclamar que Deus falou com ela: "Deus falou comigo, meus queridos! Ele veio a mim em sonho e me revelou algo que está impedindo o crescimento desta igreja". Os irmãos começam a diminuir o tom de voz e abrem seus olhos lentamente. "O que a Mediadora está dizendo? Vamos ouvir", é o pensamento da maioria. A Mediadora continua: "Deus me disse claramente que há uma pessoa nesta igreja que não está com Ele; essa pessoa está com O DIABO! E Ele me disse quem é essa pessoa...". Os membros da igreja estão apavorados, eles querem saber quem é a criatura estranha que invadiu o templo sagrado. "Essa pessoa é AQUELA MULHER!", apontando o dedo para a adorável senhora que está em seu momento espiritual, momento esse que é real e verdadeiro. E todos olham para a mulher que está em plena comunhão com o Espírito Santo. Fico totalmente apavorado. Não sei o que fazer. Procuro alertar a doce senhora voando ao redor dela, para que ela se incomode com o barulho de minhas asas e desperte para ver o que está acontecendo, mas ela não se move. Ela continua ali, com os olhos fechados, com um semblante suave e um sorriso discreto. Todos começam a clamar para expulsar o demônio da tal mulher, se voltam para ela, levantam suas mãos na direção da pura senhora e começam um clamor de expulsão demoníaca. Estou enlouquecido, não posso acreditar que isso esteja acontecendo, não sei o que fazer. As coisas estão fora de controle, mais um pouco e essa gente vai partir para a violência física. Estou fazendo de tudo para alertar a devota senhora, mas minhas tentativas são inúteis, ela não se mexe, não abre os olhos, parece que está em outro mundo. Enquanto isso os membros da igreja com seu clamor absurdo se aproximam da senhora. Com o dedo apontado para ela, eles começam a gritar: "Fora! Fora! Fora!". Meu coração está disparado. Temo por aquilo que pode acontecer com essa mulher que eu sei que é honesta e sincera. Mas ela continua serena, não se abala com as circunstâncias. É estranho porque parece que ela está envolta por um campo de força, parece inatingível. E acho que ela está mesmo e eu também. Há alguma coisa em volta de nossos corpos que não permite que aquelas pessoas nos atinjam. Agora posso ver melhor. É como se estivéssemos dentro de uma bolha, ainda posso ver as pessoas, mas é como se elas estivessem atrás de uma vidraça. Até o barulho, agora, parece menor. Não sei o que essa senhora fez, só sei que não é deste mundo.

Em meio à agitação, a mulher abre os olhos repentinamente. Com o susto, as pessoas ao redor dela se calam, até a Mediadora cessa a oração. Há um silêncio dentro da igreja. Sem entender nada, voo de um lado para o outro, tentando antecipar os atos da adorável senhora. Ela está sob ameaça, aquelas pessoas não estão de brincadeira e ela não está dando a mínima, até que sua voz ecoa na calada: "Por que vocês estão fazendo isso? O que eu fiz para vocês me tratarem dessa maneira?". Com medo, os membros dão um passo para trás, todos ao mesmo tempo. Minha irmã e a Mediadora permanecem afastadas. A doce senhora continua seu discurso, com um tom de voz plácido, quase embriagante: "Vocês não se enxergam? Vocês não veem que estão agindo como animais atrás de sua presa? O que estou fazendo para vocês acharem que estou endemoniada?". Ninguém se manifesta. Não há um só músculo que se mova neste salão. Estou abrigado no ombro esquerdo da espiritual senhora, que parece mais íntima do que minha própria irmã. Seus ombros são aconchegantes, abrigam consolo, amizade, compaixão, amor. Nem minhas patas, nem o zumbido de minhas asas, nada disso a incomoda; ela é capaz de acolher qualquer um que esteja precisando de sua ajuda, por isso não aceito esse absurdo que essa igreja está fazendo com ela, principalmente a atitude de minha irmã, que, em um ato insano e egoísta, provocou tudo isso para prejudicar essa pobre mulher. "O Espírito Santo de Deus falou comigo nesta noite, Ele me alertou sobre a intenção perversa que está por trás dessa ação pulverizada de demência. Escolhi esta igreja por acaso, poderia ter entrado em qualquer outra, mas entrei aqui. Entrei para poder buscar um contato pessoal com o Espírito Santo, vim aqui para me purificar e para, quem sabe, mostrar a importância de nos mantermos purificados e nos focarmos naquilo que é realmente relevante, nossa evolução espiritual. Mas vocês não entenderam nada! Aí estão vocês me crucificando, tentando, de todas as maneiras, fazer com que eu deixe a igreja, com que eu saia daqui mesmo 'endemoniada' como vocês dizem. Vocês não estão preocupados comigo, querem é me tirar daqui porque sou diferente e isso os incomoda." A igreja continua em silêncio, ninguém tem coragem de falar nada ou de partir para cima da mulher e expulsá-la à força.

Estou aqui, no ombro dessa mulher que é uma heroína para mim, que diante de tanta coisa que tenho visto foi a única pessoa que trouxe um pouco de dignidade às minhas observações. Nem Eunice nem Patrícia, que são de minha própria família, demonstraram tanto caráter quanto essa senhora que surgiu em minha vida há tão pouco tempo. Ela não me conhece, mas, ao mesmo tempo, sinto que ela sabe que eu existo, sabe que estou por perto. A maioria das pessoas me expulsaria se eu pousasse em seu ombro, mas esta mulher não. Tenho a impressão de que ela sabe quem sou, de que tem conhecimento que estou provisoriamente neste corpo de inseto, mas que sou uma pessoa, com sentimentos e emoções aflorados, com o raciocínio perfeito e com a cara e a coragem de um leão, embora eu seja uma mosca.

A adorável e forte senhora continua seu discurso: "Eu não vim aqui para perturbar a vida de ninguém, não me interessa saber de suas vidas medíocres, cada um cuide de seu caminho. Mas, agora, vocês é que estão me perturbando e isso não é justo, porque vim aqui em busca de paz. Olhem para dentro de si mesmos! Vejam o que fazem! Endemoniados estão vocês que não sabem o que querem! Que se metem na vida das pessoas, que as humilham. Olhem para vocês, bando de carniceiros! Vejam a insignificância de suas vidas!". Essas foram as últimas palavras pronunciadas pela distinta senhora antes de deixar o ambiente. Depois de dizer tudo o que queria, ela vira as costas e sai. Nesse instante deixo seu ombro e permaneço no salão da igreja.

Após a saída da mulher, os membros da igreja começam a conversar entre si, ainda em voz baixa, meio cochichando. O zum-zum-zum vai aumentando aos poucos. Eu vou para perto de Eunice e da Mediadora. As duas confabulam. Eunice olha para a Mediadora e confirma, balançando a cabeça em sinal de positivo: "Conseguimos. Ela nunca mais vai voltar". Fazendo o mesmo gesto, a Mediadora concorda com Eunice. "Eu também acho. Acho que agora botamos essa mulher para fora da igreja, definitivamente". Os membros estão aliviados. A mulher estranha foi embora para sempre. Agora eles podem voltar a interagir sem a interferência dela.

Não sei o que fazer. Meu desespero é tamanho que voo de um lado para o outro tentando achar uma saída, não uma saída física, mas uma solução para essa injustiça que acabo de presenciar. Eu conheço aquela mulher, sei que as intenções dela são boas, sei que ela é uma pessoa decente e, muito mais que isso, ela é a única nesta igreja com quem o Espírito Santo interagiu. Vi isso. Senti isso. Agora ela foi expulsa, foi colocada para fora do templo injustamente. Essa mulher está sofrendo a maior discriminação que já vi na minha vida e, pior, ela passou por tudo isso no lugar onde menos se espera esse tipo de coisa, um local onde se espera ser acolhido, ser protegido, sem preconceitos. Mas, não. Minha própria irmã arquitetou um plano sujo para tirar do caminho dela alguém que não representava ameaça nenhuma, mas que ela e todos os outros membros da igreja fantasiaram ser perigosa. Talvez eles tenham se sentindo ameaçados mesmo, mas sem saber exatamente o porquê. Pode ser que de algum modo tenham percebido que essa mulher é a única pessoa decente nesta igreja e que, a qualquer momento, as pessoas de fora podem notar isso e julgar os membros por não serem como ela. Talvez tenham visto isso, mesmo que inconscientemente, e se sentiram ameaçados sem saber o motivo. Não sei por que essas pessoas fizeram isso, o que sei é que elas foram injustas, cruéis e egoístas.

Os membros se despedem e a igreja é fechada. Cada um segue para sua casa, sem remorsos, pelo contrário, até com um sentimento de alívio por se livrarem da tal mulher.

Inconformado, acompanho Eunice até sua casa. Esta noite foi terrível. Estou sentindo um tremendo peso em minhas delicadas costas, minhas asas estão pesadas, é como se houvesse chumbo amarrado em cada uma delas. Minha irmã se deita serena, com a sensação de dever cumprido. Como isso é possível? Ela deveria estar arrependida de ter praticado um ato tão medonho, mas está feliz até, parece que realizou um ato de extrema importância para sua igreja. Acho que está feliz porque simplesmente satisfez a vontade de sua Mediadora, talvez esteja feliz assim porque provou para a Mediadora que ela é capaz, que a Mediadora pode contar com ela para qualquer coisa. Eunice sente que ganhou a admiração e o respeito da Mediadora, acha que agora ela é alguém importante na congregação, se sente uma heroína.

——— * ———

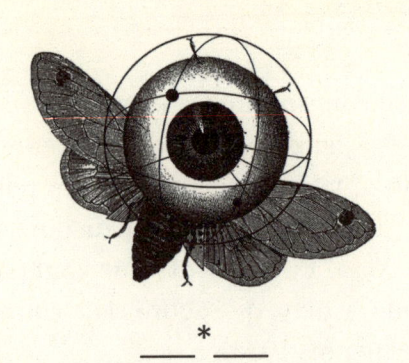

A senhora, agora escorraçada, retorna a sua casa na companhia de seu motorista. Por incrível que pareça ela não está abalada, continua firme como uma rocha e não é só aparentemente, ela não está mesmo preocupada com o que lhe aconteceu. O motorista não nota nenhuma mudança. É impressionante como ela consegue manter a calma depois de tudo que lhe aconteceu naquela igreja, eu estaria furioso, no mínimo ia querer espancar alguém, mas ela não, se mantém inalterada, intacta. Mas por que eu estou admirado com isso? É claro que ela reagiria assim, essa senhora é um ser especial, consegue manter contato diretamente com o Espírito Santo de Deus, acho que ela é a única pessoa que consegue fazer isto: ter contato direito com o Espírito Santo de Deus. Talvez haja outras pessoas capazes de fazer a mesma coisa, mas devem ser poucas, não tenho a menor ideia de quantas, porém, o que importa é que tive essa oportunidade de conhecer e estar perto de uma pessoa tão evoluída quanto essa adorável senhora é. Ao mesmo tempo em que tenho convivido com gente extremamente arrogante, ou ignorante, gente perversa e insensata, tive essa chance maravilhosa de viver momentos extraordinários ao lado dessa senhora, mesmo que ela não tenha notado minha presença, isso não importa. Para mim foi uma experiência formidável, em meio a tanta desordem, surge essa pessoa para me dar um fôlego, para retomar a esperança que estava morrendo dentro de mim. Que ingenuidade a minha deixar-me abalar pelos últimos acontecimentos, não há motivo para isso, quem está seguro de si, está e pronto. Podem vir leões, canhões, trapaceiros, Golias, inimigos de todos os tamanhos, formas e cores, se estamos bem firmes em nós mesmos, se temos a garantia da proteção Superior, não há motivos para entrarmos em desespero. Que burro que eu sou! Tenho um exemplo bem aqui na minha frente e ajo de maneira completamente diferente daquilo que vejo e admiro como modelo de comportamento. É por isso que muitas vezes me dou mal, não paro para pensar nas coisas, não pondero sobre os acontecimentos, não me garanto como pessoa inteligente e capaz que sou e daí desabo. Admiro tanto essa senhora e ajo completamente diferente dela. Eu mesmo pude viver momentos sobrenaturais ao lado dela, senti a presença do Espírito Santo e mesmo assim sou fraco. Ela não. Essa jovem senhora é forte o suficiente para encarar qualquer coisa. Veja, ela foi rejeitada pela comunidade cristã a qual escolheu para congregar e mesmo assim não se importa com o que essa mesma comunidade fez com ela. Não se importa porque ela é forte, porque é firme em suas convicções, porque o objetivo dela é maior do que as reles intrigas que o povo da igreja costuma provocar. Essa senhora está satisfeita consigo mesma porque alcançou o objetivo maior que foi procurar naquela igreja, não há motivos para ela dar importância às pessoas que congregam ali. As pessoas não significam nada, ela sabe que não pode contar com elas. Essa senhora soube separar as coisas e usou de sua inteligência para afastar-se do que não tinha valor e foi atrás do que realmente interessava: sua evolução. É isto que eu devo fazer: ir atrás de minha evolução. Este mundo não tem nada a me oferecer, ele é desse jeito, estranho. As pessoas que nele habitam são insensatas, egoístas, algumas beiram à idiotice. Levam a vida levianamente, não dão valor a nada, mas querem tudo e fazem qualquer coisa para ter o que querem. Por isso, quando encontrei essa senhora, tive a oportunidade de ter contato com uma pessoa diferenciada, pude até usufruir dos benefícios que ela mesma possuiu ao ter contato com o Espírito Santo de Deus. Mais uma razão para eu não me apegar às coisas deste mundo.

    Por que sofrer com os tropeços alheios, mesmo que sejam da minha própria família? Não há razão para eu me envolver assim, mas, é tão difícil! Quando menos espero, lá estou eu, embrulhado no emaranhado familiar, vivendo a vida de minhas irmãs, participando ativamente de tudo, mesmo que elas não me notem. Isso não está certo. Isso não está direito. Preciso me concentrar naquilo que propus a mim mesmo. Sou apenas um observador. É isso que sou. Não, não devia me deixar penetrar dessa maneira nas vidas que observo.

Meu papel aqui é apenas olhar, olhar friamente, não deveria ter me perdido nas emoções, agora estou aqui sofrendo as dores alheias, revoltando-me com os absurdos que testemunhei. Deixei-me levar positivamente quando me envolvi com a doce senhora rejeitada pela igreja; abri os portões da emoção para a negatividade da vida louca e desvairada de minhas duas irmãs, ou seja, me transformei em mosca, mas fui além de meu papel. Por um lado isso foi bom, mas por outro não. Mas na vida as coisas são assim, nem tudo é perfeito, nem tudo é bom; porém, o fato é que quando pedi ao universo que ele me transformasse nesse inseto asqueroso, era para que eu apenas olhasse o movimento da vida de fora dela, imparcial e indiferentemente às perturbações naturais da vivência humana. Entretanto, meu lado humano ainda prevalece e, quando menos espero, estou completamente embrenhado emocionalmente nas atividades humanas. É melhor eu parar de lutar contra isso. Ou, então, é razoável que eu procure tomar jeito e busque um olhar impassível para as coisas deste mundo.

*

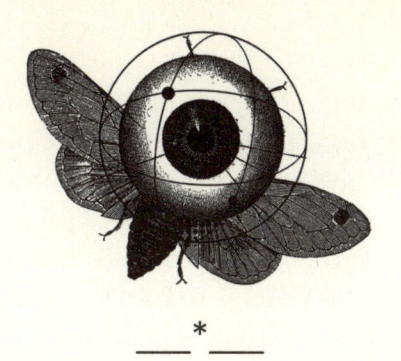

Retomando os acontecimentos da vida de minha irmã Patrícia vejo que nada mudou, a não ser o cenário e os coadjuvantes, que são outros, completamente diferentes dos que já passaram por essa dramaturgia hilariante que é a vida de Patrícia.

Minha doce irmã apática trocou de poleiro, agora ela vive com outro ser e outras criaturinhas, pessoas que, na cabeça dela, fazem parte de sua família agora. Na ingênua – para não dizer idiota – visão de Patrícia, agora sim, com essa nova família ela vai ser feliz. O panorama é o mesmo, um pai, separado, com dois filhos em fase escolar, que estava à procura de uma jovem esposa – ou de um suporte – para cuidar dele e de seus filhos. Ele encontra Patrícia que se mostra interessada em ter um lar, filhos, casa, marido e tudo mais. À primeira vista é isso que você pensa quando vê Patrícia, que ela está disposta a ser uma dona de casa dedicada, a cuidar dos filhos, do lar, etc. Porém, quando se vê nessa vida que ela mesma criou em sua cabeça, ela não suporta. É difícil de entender. Eu mesmo não entendo, mas é isso que vejo. Essa é a única explicação para essa busca incessante pelas mesmas coisas. O tempo todo Patrícia está procurando a felicidade em alguma coisa e, na cabeça dela, essa coisa está na vida familiar. Esse foi o único padrão de felicidade que ela teve. Minha irmã se apegou ao casamento afortunado de nossos pais e, para ela, é isso que faz uma pessoa feliz. Patrícia se perdeu. Não sabe ser feliz por ela mesma. Acha que precisa de alguém ou alguéns ao seu redor para estar bem consigo. Ela se limitou ao padrão que a sociedade impõe de que a felicidade é casar e ter filhos. Patrícia realmente acreditou nisso e, portanto, fica pulando de galho em galho buscando essa tal felicidade. O pior disso tudo é que ela faz essa barganha como se estivesse trocando uma mercadoria no supermercado. Minha irmã enlouquece e abandona tudo o que passa a considerar ameaçador à sua felicidade e vai em busca de outro perfil familiar, que vai fazer com que ela se sinta realizada, segundo sua mentalidade doentia. Patrícia tem um único objetivo em mente para alcançar a tão desejada felicidade. Em sua cabeça, a felicidade está ligada à construção de um lar familiar, apenas isso pode lhe trazer satisfação, ela não consegue enxergar outras possibilidades, sei lá, encontrar-se profissionalmente ou sair viajando pelo mundo ou se dedicar ao voluntariado. Não sei o que pode fazer uma pessoa feliz, na verdade cada um tem de descobrir algo que lhe faça bem. No caso de Patrícia ser feliz é ter um lar, uma família. Ela não está totalmente errada, encontrou seu objetivo de vida, o problema está na leviandade com que ela trata essa questão. Ao mesmo tempo que acha que ter uma casa, um marido e filhos a fará feliz, ela não sabe lidar com isso. No fundo, Patrícia não sabe o que quer. Se isso não trouxesse tantos transtornos a outras pessoas, tudo bem. Porém, Patrícia tem feito muita gente sofrer com essa indecisão sobre o que a faz feliz. Ela nunca está satisfeita e, de repente, toma uma atitude radical, trazendo sofrimento a quem está ao seu redor.

Chega a ser bizarra a naturalidade com que Patrícia troca de família. O mais interessante disso tudo é que ela encontra outra facilmente, há sempre um marido com filhos esperando por ela em algum lugar. Quando vejo isso, tenho a impressão de que estou vivendo em outro mundo. Há um ciclo, minha irmã entra e sai de um lar como se estivesse indo ao supermercado. Isso é bem estranho.

Onde está Patrícia agora? Ela está em seu mais novo lar, com seu mais novo marido e seus mais novos filhos. Não é incrível isso? Parece que estou vivendo em um mundo onde as anomalias são repetitivas. Pois então, Patrícia vive sua nova vida. Não há nenhuma diferença. O marido é atencioso com ela, os filhos são carinhosos, a casa é bem estruturada, tudo segue normalmente, conforme a música. Quanto tempo essa harmonia vai durar, não sei. Segundo minha experiência, não vai durar muito, pois minha irmã está cada vez mais instável, sua necessidade de renovar a vida está se tornando a cada dia mais urgente.

Seu marido sai para o trabalho. Patrícia leva as crianças ao colégio. No caminho ela se sente deprimida, não tem vontade sequer de se mexer, mas faz um esforço e, a passos cada vez mais lentos, segue em direção à escola das crianças. Seus atuais filhos estão impacientes: "Vamos, Patrícia! Ande logo! Você parece uma tartaruga!". Minha irmã se irrita por dois motivos: o primeiro é que as crianças a chamam pelo nome e ela já lhes disse que quer ser tratada como "mãe": o segundo motivo é que ela não consegue reagir, está cansada, e não consegue andar mais rápido, então ela se aborrece quando as crianças a apressam: "Parem com isso meninos! Vocês não estão vendo que sua mãe está fraca? Vocês deveriam ser mais compreensivos". As crianças não dão atenção ao que ela diz e continuam correndo à frente, brincando e se divertindo. Patrícia fica furiosa com isso, mas está sem forças para discutir. O caminho até a escola é torturante, tudo a irrita, o barulho dos carros, as pessoas que também estão indo ao colégio, as crianças que não param um minuto. Patrícia não suporta tudo isso.

Finalmente eles chegam à escola e Patrícia pode voltar para o conforto de seu lar. O retorno é mais estimulante, ela tem a casa como objetivo, quer se refugiar em algum lugar, quer fugir de tudo aquilo que a cerca, toda aquela rotina sufocante. Chegando à casa Patrícia percebe que não é isso ainda, que isso não vai livrá-la dessa angústia que a assassina. Sente-se como se tivesse caído em um rio congelado, no qual a violência do frio descomedido penetra em suas artérias congelando-as instantaneamente, ela não pode suportar essa dor.

Tudo roda na cabeça de Patrícia. Ela está no epicentro de um furacão, sem conseguir sair, esperando ser expelida em alguma direção que a salve dessa vida sem sentido em que se meteu. Isso mesmo, ela se meteu nessa vida, no entanto, escolheu esse caminho, mas é um caminho angustiante; são escolhas falidas, que não trazem nenhum benefício, nenhuma satisfação.

Minha irmã se vê novamente em uma teia de frustrações. O sentimento de sair dali, daquela casa, mais uma vez começa a aflorar. Ela quer fugir. Quer se ver livre daquele marido e daqueles filhos, ela não quer mais viver essa vida.

Recorrendo à atitude a qual ela já estava acostumada, Patrícia segue atrás de outra vida. Sim, ela abandona a atual família, vai embora sem nenhum pudor, sem nenhum remorso, e prossegue para uma vida nova, que na cabeça dela será diferente e a fará feliz.

Com uma rapidez que me impressiona, minha doce e perturbada irmã encontra outra vítima. Sim, é um homem da mesma faixa etária que ela, tem um filho, é separado e está à procura de uma nova esposa, uma mulher que possa suprir sua solidão, que cuide de seu filho e que lhe dê carinho e atenção. Essa mulher surge na frente desse homem. É minha irmã. Patrícia demonstra todo interesse, mostra ao rapaz que é a mulher ideal para ele, faz-se de boa esposa, mostra-se maternal, dedicada e amorosa. Bimba! Pronto. Patrícia está de novo emaranhada em uma vida familiar exemplar. Tem casa, tem um marido afetuoso, tem um filho igualmente amoroso e educado, era tudo o que ela queria. Agora sim ela pode dizer que está feliz. Agora sim ela está realizada. O que mais ela poderia querer?

Patrícia se engaja na púbere relação com o jovem pai que ela encontrou em um golpe de sorte ou, simplesmente, porque o universo já está preparado para suprir essa necessidade de minha irmã. Misteriosamente as coisas na vida de Patrícia entraram em um ciclo do qual não se pode sair. Para mim, é impossível que minha irmã consiga se livrar desse círculo que a envolve de maneira rígida, não permitindo que ela respire; que perceba a vida, que enxergue outras possibilidades. Não. Patrícia está presa em um vício, em um pecado do qual a fuga é impraticável. Ela é prisioneira na ilha da família feliz, mas é tudo ilusão. Não percebe que não é isso que lhe traz felicidade, pode trazer para muita gente, mas para Patrícia não. De alguma forma, foi incutido na cabeça de minha irmã que ser feliz é isto: ter um bom homem ao seu lado, ter filhos, cuidar da casa, cuidar da família. Não me lembro de minha mãe ou meu pai ter imprimido isso em nossas mentes. Nem na minha nem na de Eunice, muito menos na mente de Patrícia. Entretanto, minha irmã enfiou isso em sua cabeça, encasquetou com essa ideia boba, talvez seja porque via a felicidade de nossos pais; pode ser que ela queira seguir o exemplo de nossos pais, que eram felizes juntos, que era um casal equilibrado, que nos educou de maneira exemplar, porém, de algum modo, a coisa desandou. O exemplo que trago comigo da vivência harmoniosa de meus pais é que eles eram pessoas simples, mas muito inteligentes. Sabiam das coisas e procuravam indicar para mim e para minhas irmãs o caminho correto a se seguir. Eles eram felizes juntos, mas nem por isso eu enfiei na cabeça que casar e ter filhos é o segredo para a felicidade. Na verdade, ver a alegria de meus pais me motivou a procurar meu próprio caminho. Ora, eles eram felizes assim, juntos, já eu podia ser feliz de outro jeito. Aprendi com eles que a melhor coisa a se fazer é buscar aquilo que nos satisfaça, é encontrar nosso caminho, é sermos nós mesmos. Apesar de eles serem casados, eram bem independentes, cada um tinha uma personalidade muito marcante e respeitava a individualidade. Esse era o segredo do casamento feliz que meus pais cultivaram. Nenhum dos dois se anulou, nenhum dos dois reprimiu o desejo do outro, pelo contrário, eles se apoiavam mutuamente e incentivavam o outro a crescer, a ir além. Eu e minhas irmãs acompanhamos isso de perto e cada um de nós pegou para si um tipo de lição, mas minha irmã Patrícia foi mais longe. Ela internalizou o tipo de vida que levávamos, ela levou ao pé da letra essa história de casamento, família, etc. e tal. Patrícia não conseguiu ver a lição que estava nas entrelinhas no modo de vida de nossos pais. Não percebeu que eles mostravam para nós, o tempo todo, que devíamos ser independentes, que devíamos fazer as nossas próprias escolhas. Em nenhum momento disseram ou deixaram a entender que teríamos de ser iguais a eles para termos felicidade. Pelo contrário, nos mostraram o caminho da segurança de uma tomada de decisão, nos ensinaram que o melhor a fazer é entender bem nossos anseios, é saber o que desejamos para nossas vidas e ir adiante, ir atrás de nossos sonhos. Nossos pais nos ensinaram a ser independentes.

Infelizmente, Patrícia não compreendeu o recado. Sua leitura foi minimalista. Para ela a vida se resume em se casar, em ter uma família e filhos. Não há nenhum problema no ato de se casar e constituir família, o fato é que não é isso que ela realmente quer e ainda não percebeu – nem sei se vai perceber – que está no caminho errado.

Agora, Patrícia está infeliz. Pela centésima vez ela busca a mesma saída para sua insatisfação. Seu coração está corroído. Sua alma está diluída em lágrimas. Não se sente bem, não se sente ela mesma, Patrícia se perdeu. Não sabe que rumo tomar, não sabe o que fazer, então parte para o óbvio, para o corriqueiro. Patrícia não tem força para sair de sua zona de conforto, não tem ideia que pode dar um passo maior que a perna. Nesse caso, dar um passo maior que a perna é plausível. Minha irmã precisa sair do círculo que ela mesma criou, precisa pisar fora, entender que pode mais, que é mais do que isso, do que essa esposa dedicada, mãe de família.

Mas, infelizmente, não consegue. Patrícia está de novo atrás de um homem para viver com ela. Pobre Patrícia. Vai cair na mesma armadilha, vai se frustrar de novo. Não sei por quanto tempo ela aguentará isso, uma frustração atrás da outra, uma decepção atrás da outra. Ela não consegue sair desse círculo. É quase como um vício. Sua mente está condicionada.

Por um instante, Patrícia se lembra de mim e de Eunice, ela se perdeu de nós, não estou por perto, quer dizer, estou, mas não do jeito que ela precisa; ela não sabe que essa mosca que sobrevoa sua cabeça sou eu, seu irmão querido. E não posso ajudá-la, pois estou preso a esse corpo de mosca. Essa é a condição. Minha outra irmã, Eunice, está preocupada com a sua própria vida. Esqueceu-se de nós. Patrícia está só. Mesmo se casando, mesmo tendo a casa cheia de filhos, mesmo tendo alguém para chamar de "querido", ela está só. Está presa ao vazio de sua alma. É ninguém, ela se sente ninguém. É um caso perdido. Acabou para Patrícia. A saga vai continuar, vai até o fim de sua vida, ela não consegue reagir. Está presa a essa condição. Não há mais motivos para eu acompanhar minha irmã Patrícia. Tinha esperança de que as coisas iam mudar, mas não mudaram. Chega. Esse filme eu já vi. Apenas torço para que um dia minha irmã se liberte dessa prisão psicológica. Meu desejo é que ela saia por aí feliz, realizada, completa; que ela seja autossuficiente, virtuosa com ela mesma; se ela vai alcançar essa proeza não sei, só sei que vou seguir meu rumo, vou continuar minha missão observadora, vou seguir meu caminho, voando pelas veredas insanas da vida alheia.

— * —

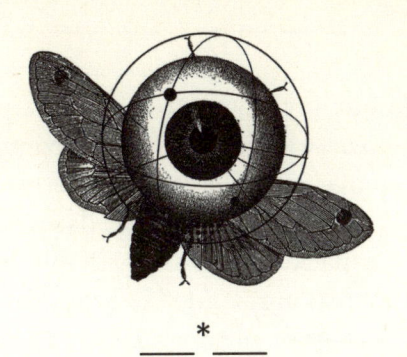

A última vez que vi Eunice, estava convencida de que seu feito em expulsar a doce senhora da comunidade cristã foi o melhor que ela fez nos últimos tempos. Eu quase tive um troço. Fiquei indignado com toda a trama. Na verdade, fiquei revoltado porque não podia fazer nada, não podia sequer gritar para todas aquelas pessoas que elas estavam cometendo a maior das injustiças.

Eunice, agora, segue sua vida. Ela continua seu caminho de submissão aos seus líderes e completo desprezo pelas pessoas. Eu já falei isso aqui. Causa-me estranheza uma pessoa dizer que segue os caminhos do Senhor e desampara o ser humano. Não me parece normal. Eunice e seus líderes estão completamente envolvidos com seus próprios interesses; eles apenas estão empenhados em salvar sua própria pele da miséria, nada mais do que isso.

A rotina na igreja é a mesma. A "Palavra da Oferta" é ministrada. O povo se preocupa em doar cada vez mais para poder ter em troca a tão desejada bênção. Normalmente, as pessoas que frequentam essa igreja estão aqui em busca de algo, não vêm para cá apenas para adorar ao Senhor ou buscar uma relação íntima e profunda com Deus, elas estão aqui para obter algo em troca de alguma coisa, em troca de seu tempo, ou do dinheiro que elas depositam nas sacolas, o fato é que querem e precisam obter alguma coisa para si. O mesmo acontece com Eunice. Ela não está enfurnada na igreja, dia após dia, por amor a Deus. Na verdade é o que se prega: o amor a Deus. Essa é a fala de minha irmã: "Amar o Senhor", mas, infelizmente, não é o que se mostra. Pode ser qualquer motivo que leva Eunice a se dedicar de corpo e alma à igreja e aos seus chefes espirituais, menos amar o Senhor. Se assim fosse, ela não teria expulsado aquela doce senhora da comunidade, por exemplo. Quem pôde estar ao lado daquela senhora viu o quanto ela era dedicada a sentir a presença do Espírito

Santo ou seja lá do que for, enquanto estava naquela congregação. Havia uma pureza no ar, existia uma energia contagiante durante as sessões de oração, eu mesmo pude sentir a energia que se acumulava em torno daquele senhora, sou testemunha das verdadeiras intenções dela e do que ela era capaz de provocar mediante sua impressionante sinceridade e seu imenso amor. Mas com minha irmã é diferente. Suas intenções estão longe da pureza e doçura que é o relacionamento com Deus. Olhando aqui de cima, a impressão que tenho é de que Eunice usa a igreja como uma fuga. Ela não está disposta a olhar para sua própria vida de verdade e encarar a realidade do que ela se tornou, então se esconde atrás das variadas atividades religiosas e segue um caminho obscuro, obedecendo a pessoas que não têm escrúpulos nenhum; mas, Eunice não quer ver isso, minha irmã faz questão de fechar os olhos para os deslizes de seus líderes. Ela mesma tropeça no meio do caminho, mas também não tem coragem de assumir seus erros e vai adiante tapando o sol com a peneira. Coitada de minha irmã. Aliás, não sei se ela é digna de pena, afinal não está sendo coagida a agir dessa maneira. Ela escolheu esse caminho que pensa ou quer que os outros pensem que é virtuoso, mas, infelizmente, não é. Essa estrada que Eunice está seguindo é obscura, é falha e sem asfalto.

Na igreja, Eunice arruma as coisas para o culto que vai acontecer mais tarde. Ela se dedica a cada detalhe e reclama que não há mais gente para ajudá-la. Eunice está sempre se queixando disso, não se conforma que as pessoas não se dediquem à igreja como ela o faz. Para minha irmã, todo mundo tem de agir como ela, estar quase que 24 horas no templo como "sacrifício" ao Senhor. Esta é a justificativa: "oferta ao Senhor Jesus Cristo". É isso que os líderes pregam, essa é a receita para fazer com que as pessoas dediquem seu tempo à igreja. Para minha irmã e para a maioria daqueles que frequentam o templo, eles estão lá a serviço de Deus, quando, na verdade, o único e verdadeiro intuito é servir ao líder máximo da igreja. Eunice trabalha para suprir os interesses pessoais do fundador da congregação. O Senhor Soberano montou um esquema milionário no qual o dinheiro transborda em suas botijas como um milagre e ele se torna cada vez mais rico. É claro que as pessoas não são idiotas a ponto de trabalhar para outra sem ter algo em troca. Daí a ideia da barganha. Normalmente os frequentadores dessas igrejas são pessoas fragilizadas, que estão passando por um problema muito grande ou que não sabem lidar com as dificuldades comuns do dia a dia. O fundador da igreja de minha irmã, muito sabiamente, toca no ponto fraco desses indivíduos, prometendo-lhes verdadeiros milagres, e Eunice e mais um bando de gente cai direitinho nessa conversa e se rende às falsas promessas do Senhor Soberano. Os membros da igreja ficam cegos. Não sabem que caminho seguir e por isso se entregam às mentiras pregadas por seu líder. Eunice não é nenhuma mocinha inexperiente, mas, ao mesmo tempo, não quer enxergar que está sendo enganada, para ela isso seria a morte. A igreja representa sua vida, não tem como, de uma hora para outra, ela passar a achar que está sendo iludida. Eunice não aguentaria.

Na rotina da igreja, Eunice tenta se aproximar da Mediadora, afinal elas já tiveram um momento íntimo, Eunice já dormiu na casa dela, pôde fazer parte de sua intimidade, como grandes amigas. Contudo, a Mediadora é arredia. Embora ela tenha combinado com seu marido de que trataria Eunice como a melhor amiga para que ela mantivesse a boca fechada e não delatasse as ações dignas de censura que ambos cometem na igreja, não está conseguindo cumprir com o acordado. A Mediadora não consegue manter um bom relacionamento com Eunice. Ela tem desprezo por minha irmã. A submissão de Eunice a deixa enjoada. Seu desejo é espezinhá-la, é humilhá-la cada vez mais, porém ela se contém. É o mínimo que ela pode fazer: não maltratá-la. A Mediadora não consegue dar a atenção que Eunice tanto almeja. Minha irmã rasteja por um olhar, ela quer ser reconhecida por seu esforço; para Eunice, basta um elogio para levá-la aos céus. É tão pouco, ela não entende por que sua líder age dessa maneira, então se culpa. Eunice começa a achar que a culpa é sua, que ela não está sendo fiel o suficiente, que não está fazendo as coisas direito, que sua dedicação não basta.

Meu olhar para minha irmã é de desespero. Sobrevoo sua cabeça com o intuito de alertá-la, de dizer o quanto ela está sendo idiota. Um grito ecoa de meu inconsciente: "Saia fora dessa, Eunice!

Eunice, saia dessa vida de submissão!". Ela não me ouve. Parece estar hipnotizada.

Minha irmã segue sendo capacho da Mediadora. Ela corre de um lado para o outro, arruma isso, arruma aquilo, tenta manter a ordem no templo. Enquanto isso, a Mediadora assume as finanças, conta o montante que entrou para a igreja, é claro que a parte dela está garantida. Na correria, elas recebem uma ligação do Senhor Soberano. "O Senhor Soberano ligando diretamente? É ele mesmo?" As duas tremem de medo. Não fazem ideia do que ele quer. A Mediadora o reverencia: "A paz, Senhor Soberano!". Do outro lado, ele responde seco: "A paz". "O que o senhor deseja?" "Eu quero saber o porquê de essa unidade estar arrecadando cada vez menos ofertas. O que está acontecendo por aí?" A Mediadora fica sem ação, ela tenta pensar rapidamente em algo para responder ao Senhor Soberano, pela cabeça dela passam mil coisas: "Ele descobriu tudo. Ele sabe que a gente está desviando dinheiro da igreja. O que eu faço agora?". Com a voz embasbacada, a Mediadora responde: "Eu não sei, Senhor Soberano, tenho de averiguar, tenho de olhar as contas para lhe dar uma informação mais precisa". O Senhor Soberano não fica muito feliz com a resposta, mas não tem outra saída a não ser esperar. Ao desligar o telefone, a Mediadora quase cai de joelhos. Eunice lhe pergunta sobre o que o Senhor Soberano queria falar, a Mediadora está sem palavras, ficou muda de uma hora para outra. Eunice a irrita. Ela já está com um problemão e ainda por cima tem de lidar com essa inútil a seu lado fazendo perguntas. Mas consegue conter-se e diz para minha irmã que o Senhor Soberano só fez uma ligação de rotina e não entrou em detalhes. A Mediadora percebe que ela tem de manter a cabeça fria, precisa lidar direito com Eunice, afinal ela pode colocar tudo a perder.

Desesperada, a Mediadora liga para seu marido para contar o ocorrido. Ele não reage bem, fica furioso com ela. Ele a acusa de não fazer as coisas direito e agora ambos teriam de se explicar para o Senhor Soberano. Ela tenta se justificar, mas seu esposo é irredutível e a trata muito mal ao telefone.

Eunice não sabe direito o que está acontecendo, ela percebe que a ligação do Senhor Soberano não era apenas de rotina, mas, para não perturbar a Mediadora, ela se cala. Minha irmã fica um pouco alterada com a situação, porém continua com sua rotina na igreja. A tarde está caindo, em breve chegará a hora de o primeiro culto começar. Eunice nota que a Mediadora ainda não está bem, ela está falando sozinha, fica sussurrando em um canto da sala, balançando a cabeça, como se não se conformasse com alguma coisa. Eunice termina a arrumação e avisa a Mediadora. Ela não responde. Minha irmã a alerta para o fato de o culto estar prestes a começar, então a Mediadora reage e agradece a Eunice pela informação.

As pessoas começam a chegar. A Mediadora se prepara para subir ao púlpito. Eunice já está na lateral da igreja com as mãos para o alto intercedendo para que o culto seja uma bênção, como eles dizem. A Mediadora inicia a sessão com a palavra de oferta. Ela está alterada, mal consegue falar direito. Está com medo de que as pessoas estejam percebendo sua culpa, ela tem a impressão de que os membros da igreja estão vendo a sua culpa em sua face. Sua mente começa a fantasiar sobre as pessoas que estão ali assistindo ao culto. Tudo está rodando em sua cabeça. Ela olha para a frente e vê as pessoas com correntes nas mãos, indo em sua direção para acorrentá-la. Ela ouve gritos de "culpada". É como se os membros se tornassem zumbis da justiça, como se fossem a lei que iria condená-la. Suas pernas ficam bambas. Ela sente que vai desmaiar. Eunice percebe que a Mediadora não está bem. Os membros da igreja continuam em seu transe, embalados pela música. A Mediadora encerra a palavra de oferta e dá início à pregação. Ela não vê a hora de o culto terminar. É angustiante, ela não está conseguindo se concentrar no que sempre fez bem. O medo de seus atos ilícitos serem descobertos pelo Senhor Soberano e, consequentemente, pelas pessoas envolvidas com a igreja é tão grande que ela está travada. Os membros não notam nada de diferente, seguem sua rotina. Estar sentados nos bancos da igreja é tão rotineiro para eles que não percebem nada de diferente. Pode cair um tijolo na frente deles, essas pessoas não vão reparar ou, se notarem o tijolo, vão achar normal. Tudo é normal para esses membros. É como se eles fossem bois que seguem pelo pasto sem raciocinar, apenas fazem o que seu instinto manda que façam. Somente Eunice está aflita, mas é porque ela viu como a ligação do Senhor Soberano perturbou a Mediadora, só estavam as duas na sala e Eunice sabe que há algo por trás daquela ligação.

Finalmente o culto termina. A Mediadora deixa o salão rapidamente, sem cumprimentar as pessoas. Elas estranham e perguntam para Eunice o que aconteceu com a Mediadora. Minha irmã dá uma desculpa qualquer e tenta fazer com que os membros deixem o local o mais rápido possível. Ela precisa dar apoio para a Mediadora. Agora é hora de ela recuperar a amizade das duas. Agora é o momento de se sobressair novamente. Os membros da igreja são praticamente expulsos do templo. Eunice empurra a última pessoa porta afora e fecha o trinco para que ela não tenha chance de entrar de novo.

Assim que minha irmã se vê a sós com a Mediadora, ela fala sobre a ligação do Senhor Soberano novamente, demonstrando à Mediadora que notou o quanto isso a perturbou. A Mediadora fica profundamente irritada com a atitude de Eunice, mas respira fundo e diz para ela esquecer esse assunto: "Você está impressionada com a ligação do Senhor Soberano, afinal, ele nunca liga, não é mesmo? Mas, Eunice, não se preocupe, o Senhor Soberano não queria nada demais, ele só queria saber como andam as coisas aqui. É como eu lhe falei, foi só uma ligação de rotina", responde a Mediadora já com a bolsa nas mãos para deixar o templo. Ela não dá nem tempo para minha irmã argumentar, seu corpo dá um pulo da cadeira e ela deixa a igreja como uma flecha. Minha adorável irmã fica sozinha no templo, tentando entender o que está acontecendo. Ela nem consegue fazer a ligação com o dinheiro, Eunice está tão cega que não passa por sua cabeça a história do desvio. Ela mesma é testemunha das fraudes que a Mediadora e o Principal cometem na igreja. Eunice vai para casa, desolada.

A única preocupação de minha irmã é que ela não conseguiu consolar sua líder. Ela falhou mais uma vez. Em casa, Eunice não sabe o que faz. Fica como uma barata tonta, de um lado para o outro, sem saber o que fazer. Então, ela se refugia na internet. Eunice começa a fuçar suas redes sociais, começa a se comunicar nos grupos de mensagens instantâneas, vai atrás de alguma coisa que a console, que não a faça pensar sobre os últimos acontecimentos. Mais uma vez ela tenta fugir da realidade. Só há uma realidade para minha irmã:

a igreja. Ela não consegue absorver que tem uma vida, um lar, uma família. Para Eunice, todas essas coisas são superficiais, é um mundo do qual ela não quer fazer parte porque teria de entrar em contato com uma parte de si da qual vem fugindo esses anos todos. Então, se embrenha nas redes sociais se metendo na vida de todo mundo, menos na dela. Como membro da igreja, Eunice tem o papel de "ajudar" as pessoas, mas não consegue ajudar a si mesma. É contraditória essa história. Ela tem a missão de confortar famílias, de apoiar pessoas que estejam perdidas com suas vidas, porém ela mesma não sabe o que faz com sua vida.

Aqui está ela, envolvida com as dezenas de grupos de mensagens instantâneas. Nem percebe quando sobrevoo sua cabeça, nem o zumbido de minhas asas a incomoda, Eunice parece hipnotizada. Está submergida nas conversas, quer saber de tudo, quer interferir em tudo. Mal dá conta de tanto falatório, no entanto, fica alucinada querendo estar em todas as conversas. Seus olhos nem piscam. Sua postura arqueada diante da tela do computador faz parecer que ela retrocedeu à época em que éramos macacos e andávamos curvados.

Eunice interage com os membros de sua igreja e de outras igrejas também, são vários grupos, muitas pessoas conversando ao mesmo tempo. Muito falatório para nada. Há gente de todo jeito, a maioria está triste por alguma coisa. Nunca vi tanto sofrimento em minha vida. Muita desgraça. As narrações são deploráveis, tudo acontece com essa gente, tudo o que podemos imaginar que seja ruim faz parte da vida dessas pessoas. Às vezes tenho a impressão de que Eunice se alimenta desse tormento. Noto que ela entra na aflição do sujeito de tal forma que, sem perceber, exprime um sorrisinho no canto da boca demonstrando certa satisfação ao ter conhecimento do infortúnio que aflige aquele ser. Eunice é daquelas pessoas que atraem desgraça. Se há uma energia ruim, é lá que minha irmã estará. É como se ela se alimentasse disso. Como naqueles filmes em que o monstro suga a energia da pessoa para se fortalecer, Eunice se refaz a cada história trágica, ela passa o flagelo de pessoa para pessoa propagando a tragédia: "Você viu a D. Marieta? Ela está internada com câncer. Está muito mal, coitada. Mas, também, ela não ia à igreja, não se sacrificava pelo Senhor, então, deu no que deu, agora está lá na cama de um hospital, sofrendo". A cada discurso a história é a mesma: alguém que está passando por uma situação muito ruim, mas só está passando por isso porque não fez o que deveria fazer na sagrada igreja, ou seja, não seguiu as ordens dos chefes espirituais e acabou em desgraça. Essa é a visão de minha irmã, ela acusa os membros do templo de não fazerem a coisa certa, a coisa que ela considera certa. E quando Eunice vê alguém que está fora da igreja, mas está bem, está feliz, ela simplesmente atribui isso ao Diabo. Sim, essa pessoa que está fora da congregação, mas tem uma vida próspera e feliz, é alguém a quem o Diabo escolheu para dar tudo o que deseja, porém ele cobrará lá na frente. É melhor ser infeliz com Deus do que ser feliz com o Diabo, essa é a teoria de Eunice. Para minha irmã, há uma lógica nesse pensamento. Para ela, se você está com Deus e está com a vida desgraçada é bem provável que você esteja sendo perseguido pelo Diabo justamente porque você está com Deus; mas se você não segue a Deus e só há tragédia na sua vida, a suposta distância do Senhor é o motivo pelo qual se encontra nessa situação. E se você está alegre e não está indo em nenhuma igreja, segundo minha irmã, sua boa-venturança vem do Diabo. Para mim não há sentido nisso. Nesses anos todos de vivência, eu nunca vi lógica na filosofia de algumas igrejas. Nós temos a vida que temos simplesmente pelas nossas escolhas. Se estou passando por um perrengue, tenho consciência de que apenas eu causei isso na minha vida, e se estou feliz é a mesma coisa. Mesmo agora, como mosca, ainda penso assim. Só por estar em um corpo estranho, de repente, eu poderia ver as coisas de um modo diferente, mas, não, estou mosca neste momento, mas minha cabeça ainda funciona bem.

Vendo a vida de minha irmã, assim, tão de perto, sobrevoando a cabeça dela, percebo que seu modo de viver é um exemplo para se duvidar dessa teoria maluca criada pela idolatrada igreja. Eunice não tem vida própria, entrega sua alma à igreja porque precisa de algo como fuga. Não consegue lidar com seus próprios sentimentos e emoções, por isso se sobrecarrega com coisas que nem lhe dizem respeito para não ter de entrar em contato consigo mesma. Pela mente de minha irmã passa o juízo dos desavisados. Segundo sua razão fragmentada, ela está fazendo tudo certo, é dedicada, é submissa, é fiel à obra do Senhor, mas sei que não é bem assim, vejo, acompanho sua estranha maneira de ser e viver, observo seus momentos caídos, quando não está satisfeita, ela nem sabe o porquê, mas sofre com isso. Queria poder ajudá-la, mas não posso; não tenho como interferir, às vezes penso que é melhor assim, que não devo me meter. Já estou cansado de saber, essa é a regra, meu papel é somente observar, sem interferências, sem dó nem piedade, é assim que tem de ser, afinal sou apenas um inseto, um inseto olhador, nada mais que isso.

Na luta para esquecer o telefonema do Senhor Soberano, Eunice continua submersa em seu celular tentando acompanhar todas as conversas dos diversos grupos de mensagens que ela criou para, segundo minha irmã, enviar a palavra de Deus. E os sujeitos descarregam suas mágoas, contam suas vidas, imploram por uma solução para seus problemas. Eunice está lá, aconselhando, tentando "resolver" os problemas dessas pessoas, dando esporro em quem ela acha que precisa, apoiando um, criticando outro e assim segue sua rotina.

Já é tarde e Eunice acaba cochilando no sofá com o celular sobre o peito. O silêncio predomina na casa, meus sobrinhos não estão na residência, cada um está cuidando de sua vida, namorando, saindo com os amigos, enfim, qualquer coisa, menos passar um tempo com sua mãe. Não. Eles não interagem. Eunice tem em mente que está tudo bem, seus filhos são as únicas pessoas que ela não critica por não irem à igreja, os demais, que também não costumam frequentar os sagrados santíssimos cultos, são severamente censurados, não importa a justificativa, para ela é inaceitável alguém não conhecer a palavra de Deus nem frequentar uma igreja, de preferência a sua igreja. Segundo as escrituras, é preciso que os irmãos estejam constantemente em comunhão, congregando em uma igreja, caso contrário, o indivíduo que não cumprir essa regra é considerado um desviado dos caminhos do Senhor. Isso é muito estranho para mim. Penso que para estar com Deus não é preciso permanecer entre quatros paredes de uma igreja, seguindo normas criadas por pessoas muitas vezes despreparadas, que dizem ser um escolhido do Senhor, mas, na verdade, o que essa pessoa tem mesmo é um certificado real e carnal nas mãos. Isso me fez lembrar aquela doce senhora que foi escorraçada do templo. De meu ponto de vista, eu que estive bem perto dela, que conheci um pouco de sua vida, essa senhora sim teve um contato pleno e absoluto com Deus. Sua busca sincera pela presença do Espírito Santo de Deus fez com que algo sobrenatural acontecesse. Pude viver isso com ela. Pude sentir a forte energia que emanava de seu corpo, experimentei uma sensação que jamais havia conhecido antes, também senti a presença de Deus, graças àquela adorável e pura senhora. Eu vivi isso porque me predispus. Aquela senhora foi a única pessoa daquele templo que me atraiu. Talvez ela tenha notado meus voos constantes sobre sua cabeça; se notou, não os repeliu, como a maioria faz, ela apenas me acolheu e dividiu comigo, de modo consciente – o que é fantástico – a maravilha de estar ao lado de uma força tão forte que é impossível descrevê-la. Nós vivemos algo sobrenatural, tivemos uma experiência que poucas pessoas têm, na verdade nem sei se alguém já viveu algo assim, talvez não, mas o que importa é que eu vivi. É uma pena que minha irmã não tenha conseguido perceber o quanto aquela senhora era importante para a igreja, Eunice não notou que aquela senhora, sim, é que podia ter realizado um milagre naquele templo, bastaria que as pessoas ao redor dela compreendessem a grandiosidade daquela pessoa, tão quietinha no canto dela, tão humilde, mas, ao mesmo tempo, extraordinariamente grande.

    No dia seguinte, meio atordoada, Eunice se levanta para começar a rotina voltada à sua devoção. Ela vai ao banheiro lavar o rosto para despertar. Enquanto isso, estou sobrevoando a copa, esperando poder encontrar alguma coisa para me alimentar. Para dizer a verdade, para uma mosca há muitas coisas comestíveis, porém, para os humanos, não. A cozinha está uma bagunça, é quase insalubre permanecer ali. Há alimentos espalhados por todo lugar, em cima da pia, da mesa, pelos armários. Outras moscas sobrevoam o local. Eu não preciso me preocupar, pois há comida para todos nós, para mim e para minhas amigas moscas verdadeiras. Eunice chega à cozinha, procura algo para comer, mas não encontra nada em condições razoáveis de se ingerir. Ela resmunga e segue para a frente de seu computador. Pronto. Eunice encontrou seu alimento. Seus olhos ficam tão fixados na tela que a vontade de comer acaba passando. Mais um dia se inicia na rotina. Nada muda. Nada é razoavelmente diferente.

Depois de um tempo, Eunice pega as chaves do carro e sai para resolver os assuntos da igreja. É preciso comprar os mantimentos para o camarim da Mediadora, ela também tem de ir ao templo para trabalhar na parte administrativa.

Seu celular não para de tocar, as notificações de novas mensagens são intermináveis. Eunice mal consegue responder. As pessoas ficam à espera de uma resposta, mas na maioria das vezes elas têm um retorno de minha irmã horas depois ou até mesmo dias depois ou, simplesmente, não o têm. Não há sentido nisso, mas é assim que funciona.

Chegando à igreja, Eunice ainda pensa na ligação que a Mediadora recebeu do Senhor Soberano. Ela não se convenceu com a desculpa dada pela Mediadora. Eunice acha que ele ligou para falar sobre o caixa, no fundo ela sabe que as manobras da Mediadora não estão corretas, mas nunca falou nada para não ser repreendida. Porém, agora, o Principal estava ligando; para Eunice é quase certo que ele procurou a Mediadora por causa dos desfalques no caixa. Deve ter dado um esporro nela naquele telefonema. Eunice está ansiosa para descobrir o verdadeiro motivo da ligação misteriosa. A Mediadora ficou desconcertada, tem de haver mais alguma coisa além da simples intenção de saber se está tudo bem.

Já no templo, a primeira coisa que Eunice vai fazer é ligar o computador, mas dessa vez não é para fofocar nas redes sociais, ela pretende avaliar minuciosamente o fluxo de caixa da igreja e, como já sabia, há rombos consideráveis na distribuição dos valores arrecadados nas ofertas. Mas quem contou ao Senhor Soberano sobre isso? Eu também não tenho a menor ideia, até onde sei apenas minha irmã e a Mediadora têm acesso aos arquivos do caixa. Porém, há sempre um traidor. Mesmo no mais santo dos lugares sempre há pessoas que são capazes de tudo. E traidores não faltam. Traidores traem traidores, traem os bons, traem os maus, não importa a raça, a cor, a conduta, quando a pessoa tem predisposição para trair ela não vai olhar para quem é o traído, ela vai passar a perna e pronto. Em uma igreja espera-se que não haja traidores, mas, pelo que estou vendo por aqui, há mais gente disposta a prejudicar o irmão ao lado do que podemos imaginar.

Eunice continua intrigada com a ligação do Senhor Soberano, parece que não vai sossegar enquanto não descobrir o que ele queria, mas, ao mesmo tempo, ela tem receio em questionar a Mediadora de novo. Um turbilhão de pensamentos passa pela cabeça de minha irmã: "Será que o Senhor Soberano queria mesmo repreender a Mediadora? E se a intenção dele fosse elogiá-la? Pode ser que ele tenha ouvido falar de seus feitos na igreja e tenha ligado para lhe agradecer. Não. Não é possível, a Mediadora não tem feito tanta coisa assim pela congregação. Pelo contrário, ultimamente ela anda até meio distante dos fiéis; a mim, por exemplo, ela trata feito capacho. Eu não posso acreditar que o Senhor Soberano tenha ligado para agradecer ou tecer elogios à Mediadora. Não. Isso é incabível".

Enquanto Eunice reflete sobre a tal ligação misteriosa, a Mediadora adentra em seu camarim. "O que foi, Eunice? Por que você está com essa cara de sonsa?", replica. Eunice fica toda desconcertada e responde meio atrapalhada: "Não é nada não, Mediadora. É que eu estava aqui me lembrando de umas coisas lá de casa, umas conversas que estou tendo com meu filho". Com um jeito nada sutil, a Mediadora ordena: "Então tire logo essa cara sonsa da minha frente e me ajude a preparar o culto". Mais que rapidamente, Eunice corre para providenciar o chá da Mediadora e vai verificar se está tudo em perfeita ordem para o início do culto. Claramente a Mediadora está inquieta, alguma coisa a está perturbando, esse mau humor não é à toa. É, a Mediadora está em maus lençóis. Como ela vai se safar dessa? O Senhor Soberano vai cortar o fígado dela e de seu marido.

Inicia-se mais um culto. Eu sinto falta da doce velhinha. Os cultos não são mais os mesmos sem ela por perto, não há a mesma vibração, não há mais o verdadeiro encontro com o Espírito Santo. As adorações se tornaram comuns novamente, sem amor, sem aquela dose de sinceridade, tudo voltou a ser mera *performance*. Estou muito triste com isso, mais triste ainda por ter testemunhado a expulsão de minha amiga velhinha. Ela não sabia que tinha um amigo inseto, ou talvez soubesse, o fato é que nossas almas se encontraram e graças ao seu coração puro vivenciei algo que jamais poderia ter imaginado que viveria. Ainda me arrepio quando me lembro dos momentos fortes pelos quais nós dois, eu e aquela velhinha, passamos. Fomos possuídos por uma força tremenda, naquele momento eu me senti capaz de realizar qualquer coisa, me senti como um super-herói, alguém com superpoderes. Ao mesmo tempo veio uma paz indescritível, me senti protegido, amado, acolhido. Que saudade! Faz tão pouco tempo que tudo isso aconteceu, mas parece que aqueles instantes maravilhosos estão tão distantes do momento atual. A igreja faz isso. Não sei as demais, mas esta igreja tem o poder de distanciar as pessoas e lançar para bem longe tudo o que é realmente benéfico para o coração e a alma delas. Elas não puderam vivenciar o que eu vivi ao lado daquela senhora, não puderam porque não arriscaram, porque estão distantes do verdadeiro objetivo de estar em um templo sagrado, que é ter contato com Deus, estar próximo d'Ele, preencher o coração da bondade divina e sentir a energia poderosa que vem dessa força sobrenatural.

Agora o que resta é um vazio. De um lado uma chefe espiritual corrupta, do outro uma serva de homens, uma pessoa disposta a agradar pessoas mortais, alguém que diz que busca o conforto de Deus, mas o que procura mesmo é o reconhecimento humano. Isso é muito pouco. Mas para minha irmã é o suficiente, é seu alimento diário, ela sobrevive dessa ligação sem fundamento, seus líderes são o Deus dela.

Eunice nem imagina a grandiosidade do verdadeiro relacionamento com Deus, se ela se sente feliz apenas com o convívio natural com as pessoas, quem sou eu para falar alguma coisa. É isso que a faz feliz. Agradar sua Mediadora, receber reconhecimento de seus líderes, ser elogiada; envolver-se com os problemas do outros. Acho que ela se sente meio Deus quando os membros da igreja a procuram aflitos, pedindo por uma oração. Eunice quer satisfazer seu próprio ego, ela não sabe que para ter contato com o Senhor Deus é preciso se desprender do ego. O eu não deve existir, temos de estar vazios a fim de que haja espaço para que a energia sobrenatural divina nos preencha por completo. Sei disso porque vivi essa experiência maravilhosa. Se minha irmã soubesse o mal que ela trouxe a si mesma por ter expulsado aquela doce senhora da igreja... Eunice assinou sua sentença de fracassos. Ela abriu a porta para o inferno porque mexeu com quem não podia ser tocada. Não que Deus vá castigá-la, isso não é necessário, minha adorável irmã atraiu por conta própria a desgraça. Daqui para a frente, tenho medo do que pode acontecer com Eunice.

*

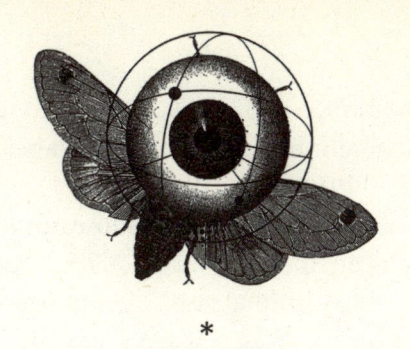

Sempre que me lembro daquela admirável senhora, meu coração se acalma. Tenho a impressão de que ela deixou comigo um antídoto para eventuais perturbações. Na verdade não sei se foi ela, ou se foi o Espírito Santo, ou seja lá o que for, que tomou conta de nós naquele momento divino em contraste com o vazio de um culto sem vida. O que sei é que de lá para cá algo mudou dentro de mim, agora não sou apenas um homem-mosca, sou algo indefinido. Uma pessoa? Talvez. Um espírito? Não, não acredito. Sou um ser diferente, apenas isso, me sinto diferente, separado da vida genérica, sou algo ou alguém que não pode mais se misturar, simplesmente porque não consegue.

O que será que aconteceu com aquela senhora? Vou procurar saber. Já sobrevoando a casa dela posso avistá-la no jardim, cuidando das flores. É uma cena tão admirável que tive de coçar os olhos como os humanos fazem para verificar se não estão vendo uma miragem. O sol refletido na folhagem faz as plantas brilharem, as flores têm um colorido indescritível, o verde das folhas é tão intenso que dá a impressão de que elas foram pintadas pelas mãos de um artista extremamente detalhista. Nessa paisagem surrealista, encontra-se a encantadora senhora que está tratando amorosamente de cada planta de seu jardim. Ela também não parece real, é quase como se eu estivesse em um sonho. Suas vestes brancas se misturam à sua pele alva e a seus cabelos grisalhos. Ela reluz. Parece um anjo caminhando pelas alamedas do Paraíso. Eu me aproximo dela. Ela é a única pessoa que não me repele. Os humanos costumam sacudir suas mãos para espantar as moscas que se atrevem a voar tão perto deles. Mas essa senhora não. Parece até que ela sabe que eu não sou uma mosca comum. Ela não se importa com o zunido de minhas asas perto de seus ouvidos. Ela olha para mim com certa ternura. Observa meu voo. Que estranho, parece que ela está tentando manter contato visual comigo intencionalmente. Ela levanta a cabeça e fixa seus olhos em mim. Eu, então, flutuo diante de sua face. Estamos de frente, nos encarando. O que está acontecendo? Não estou entendendo nada. De repente, quando eu menos espero, ela fala comigo: "Olá! Seja bem-vindo novamente à minha casa!". Como ela sabe que eu tenho consciência? Bem, o que faço agora? Não posso ser deselegante e deixar de responder a ela. Não sei como, mas acabo conseguindo me comunicar e respondo mentalmente: "Eu vim aqui para saber se a senhora estava bem". "É muita gentileza sua. Eu estou bem, muito bem, não há motivos para você se preocupar." Não posso acreditar! Ela consegue ouvir meus pensamentos! Sou capaz de me comunicar com os humanos! Então, a doce senhora me explica calmamente: "Não é permitido que você se comunique com humanos, você aceitou as regras quando o Universo realizou o seu desejo de ser uma mosca. Você se lembra? Mas o Universo foi generoso conosco e permitiu que eu e você pudéssemos conversar. Não é maravilhoso?". "Agora eu entendi. A senhora é realmente uma pessoa especial, capaz de realizar coisas que eu jamais podia imaginar." "Na verdade qualquer pessoa pode alcançar tudo o que você diz que eu tenho feito, basta querer. Você também é uma pessoa especial. Quem conseguiria se tornar uma mosca com consciência? Isso não é para qualquer um." Parei uns instantes para pensar no que a admirável senhora acabara de me dizer, então percebi o tamanho de meu egoísmo quando quis ser uma mosca para observar a vida alheia sem sofrer consequências. Quem eu penso que sou? Um rei? Um ser superior? Uma divindade? Não sou nada. Sou apenas um individualista grosseiro, alguém que merece desprezo por ter um desejo interesseiro e ínfimo. Mas essa senhora não pensa assim. Apesar do meu egoísmo, ela me considera uma pessoa ou um ser, seja como for, especial. Ela não vê o lado mau nessa coisa de eu ter me transformado em uma mosca para bisbilhotar a vida do outro. Ela me considera distinto. Que pessoa adorável! Como minha irmã pôde ter armado aquela situação para expulsar essa senhora da igreja? É claro, eu sei, Eunice está longe de enxergar o que ocorre debaixo de seu próprio nariz. Não sei se ela não quer ver e se faz de desentendida ou se ela não vislumbra de verdade as coisas que acontecem diante de seus olhos. Mas isso são águas passadas, agora a realidade é esta: estou aqui, de volta à casa dessa pessoa maravilhosa, e ela não só está falando comigo, como também acha que tenho qualidades.

"Vamos entrar", diz a senhora com sua voz aveludada. Então, caminhamos pelo jardim, ela a passos leves, eu voando suavemente ao seu lado. Houve um silêncio nesse momento, algo que representa a serenidade desse instante tão sublime. Ao chegarmos à entrada principal, ela para por uns segundos, abaixa sua cabeça como se estivesse fazendo uma prece e entra. Permaneço ao seu lado. Lembro-me de como essa casa é bonita, continua impecável, digna da pessoa superior que a habita.

A doce senhora se senta a uma mesa linda, enorme, as cadeiras têm encostos desenhados em madeira maciça. A mesa está posta para o chá da tarde. Ela se senta e me convida para acompanhá-la.

Não pode ser! A senhora está me convidando para tomar o chá da tarde com ela? Mas eu sou uma mosca! Como é possível isso? Ela não tem nojo de mim? Normalmente as pessoas não querem que uma mosca pouse no alimento. Basta ouvir o zunido das asas e elas sacodem as mãos nos espantando sem dó. E essa senhora está me convidando para se sentar à mesa com ela! Mesmo não acreditando no que está me acontecendo, pouso na toalha branca, com minúcias estampadas em seu tecido. Quase não quero pousar. Não me sinto merecedor dessa honra, no fundo eu também me vejo como um inseto asqueroso, me olho como alguma coisa não digna de ser notada, muito menos de compartilhar um momento como esse com alguém tão superior a mim e a qualquer ser humano que eu já conheci nesta Terra.

Mas é verdade, tudo está realmente acontecendo. Continuando seu ritual, a adorável senhora se serve e comenta: "Por favor, fique à vontade, pegue o que quiser. Sirva-se como achar melhor, afinal, você tem suas limitações. Não se incomode comigo". Tímido e com certo sentimento de culpa, sobrevoo os diversos tipos de pães colocados à mesa e com muita resistência pouso em um deles. Vou degustando enquanto ela olha para mim. Ainda não posso acreditar que isso esteja acontecendo! Eu sou uma mosca e estou aqui à mesa com essa generosa senhora. Delicadamente, ela pergunta: "Está gostoso?" Balançando a cabeça, eu indico que sim. E ela continua: "Sabe, para mim é muito importante ter esse momento à tarde para relaxar e tomar meu chá com essas delícias que minha ajudante faz. E hoje esse momento é ainda mais especial, porque tenho sua companhia. Faz tempo que isso não acontece. Não porque eu não conheça gente agradável para me fazer companhia, pois tenho meus empregados, que são pessoas extraordinárias e que às vezes me acompanham no chá da tarde, porém, eles têm seus afazeres e, cá entre nós, eles se sentem um pouco constrangidos. Eu entendo, sabe? Afinal para eles sou a patroa e no seu modo de pensar isso não é certo, para eles não se deve misturar as coisas. Eu compreendo e respeito, por isso não forço uma situação, mas, sinceramente, gostaria que se sentassem comigo à mesa todos os dias, pois são pessoas muito agradáveis". Visivelmente espantado com tamanha generosidade, eu respondo: "A senhora é uma pessoa extraordinária! Nunca conheci alguém assim. Desculpe-me se vou ser grosseiro, mas estou verdadeiramente espantado com o fato de eu, uma mosca, estar aqui tomando o chá da tarde com a senhora, nessa mesa tão chique, nessa casa tão bonita. Estou acostumado com as pessoas me espantando da mesa, elas não querem ver uma mosca nojenta pousando em seu alimento. E a senhora faz justamente o contrário, me convida para sentar em seu alimento, a senhora acena para mim e diz que eu posso compartilhar de seu pão, que eu posso ficar por perto. Isso é simplesmente fantástico! Há muito tempo não me sinto assim, tão importante". "Você deveria se sentir importante, nós é que temos o poder de nos agregar valor. Ora, se você não se sente importante, quem mais vai valorizá-lo? Para mim é uma honra tê-lo aqui, é uma coisa que eu realmente quero fazer e saiba que estou me sentindo muito bem fazendo isso e gostaria que você sentisse o mesmo, que você se sentisse feliz por estar aqui." Preocupado em não ter me expressado bem, tento me justificar: "Não me leve a mal, senhora, por favor. Eu também me sinto honrado em estar compartilhando deste momento, a senhora é uma excelente companhia, me sinto muito bem ao seu lado. Percebo que não há barreiras entre nós, mesmo eu sendo um inseto, e isso me deixa muito feliz! Obrigado por ter me convidado! Obrigado por sua generosidade!" Um largo sorriso se abre em nossas faces e voltamos a curtir o momento, saboreando as guloseimas amorosamente preparadas pela ajudante da casa.

Tudo aqui é feito com amor. Todas as pessoas que cercam essa doce senhora são gentis, sinceras e amáveis. Não podia ser diferente. Agora entendo por que ela foi expulsa da igreja de minha irmã, as pessoas que frequentam aquele templo são muito diferentes dela, não havia espaço para ela ali, a única pessoa ou ser que se aproximou foi o Espírito Santo ou seja lá que tipo de entidade era, o fato é que era algo divino, sei disso porque presenciei tudo aquilo, tive o privilégio de vivenciar aquela experiência arrebatadora com essa senhora. Ou seja, não há dúvidas de que ela é uma pessoa especial, aliás, diria mais que isso, ela é um ser humano infinitamente evoluído, que está acima de todas essas mesquinharias que a vida nos mostra. Espere um pouco. Se participei de tudo isso, se estou aqui com essa pessoa especial, se posso até conversar com ela... também tenho uma característica distinta! Ela tem razão, não há motivos para eu me diminuir só porque as pessoas me desprezam. Eu tenho de reconhecer, não posso simplesmente ignorar esse momento que estou vivendo, essa é uma ocasião especial, não é para qualquer um, só pelo fato de essa senhora ser a pessoa espetacular que é, e eu estou vivenciando tudo isso ao lado dela, estou desfrutando de sua doçura, estou vivendo uma situação que naturalmente uma mosca comum não viveria. Essa senhora me deu uma chance, me deu a oportunidade de experimentar o divino, quando estivemos na igreja da minha irmã e pudemos sentir a energia sobrenatural que ali fluiu e, agora, ela está me dando a chance de perceber que eu, embora esteja em um corpo de um inseto, tenho meu valor. Eu havia me esquecido de quem sou, ou de quem era. Estou tanto tempo nesse pobre corpo que me esqueci de que sou um homem, um homem com origem, sem descendentes, é certo, mas que carrega um sangue humano. Nasci de uma mulher, tive um pai, irmãs, e agora estou nesse corpo, o combinado é que seja temporário, porém já estou tanto tempo assim que parece que nunca mais voltarei à minha forma original. Não sei qual a razão de eu estar com essa preocupação agora. Talvez seja pelo fato de que nunca estive tão próximo de um humano como estou neste momento. Aliás, essa é uma situação inusitada, somente essa adorável senhora, com toda a sua generosidade, com todo o seu esplendor, olhou para mim e enxergou o homem que está por trás dessa capa de inseto. Isso me faz pensar o quanto vivemos longe da espiritualidade. Eu quis ser uma mosca para vigiar a vida alheia, minha irmã Eunice escolheu ser religiosa para fugir de seus medos internos, Patrícia elegeu uma vida na qual ela pudesse pular de galho em galho, achando que isso resolveria seus conflitos. Já essa doce senhora preferiu ser uma pessoa superior, ela optou por ser espiritualizada, essa é a razão de sua vida, um motivo nobre, que a separa de todos nós, reles mortais. Nós e nosso egoísmo, nosso egocentrismo, queremos sempre nos dar bem. Somos os sabichões, os donos do mundo, mas em nossas mentes paira a ilusão de que somos humildes e sensatos. Isso mesmo, nós, reles mortais, temos o dom do achismo. Pensamos (apenas pensamos) que somos elevados, mas é evidente que não somos. Nosso exclusivismo chega a tal ponto que apontamos o dedo para o outro com a maior segurança. "Ele é interesseiro", dizemos. "Ela é vagabunda", comentamos sem o menor remorso. Fazemos todas essas coisas horríveis achando que estamos dentro de nossa razão. Por todas essas coisas é que não entendo, até agora, o motivo pelo qual essa senhora permitiu que eu me aproximasse dela. Fico lisonjeado, é claro, porém, percebendo o quanto sou desprovido de espiritualidade, não compreendo o porquê de ter sido agraciado com um presente tão precioso como esse. Ela olhou para mim. Não apenas isso, eu compartilhei com ela um dos momentos mais intensos de minha vida. Pude sentir a presença de Deus e, naquele momento, recebi a vibração mais poderosa do planeta. Foi algo indescritível, um momento que nunca vou esquecer e que transformou minha vida.

Uma relação de amor pode ser tão simples, mas, para muitos, é demasiadamente complicada. Desde o primeiro momento em que vi essa senhora soube que havia algo de especial nela. Embora ela estivesse disfarçada em seus trajes simples, justamente para não chamar a atenção, sua presença foi notada por mim de modo incomum, pelos membros da igreja de maneira barata. Talvez aquelas pessoas tenham sido induzidas por minha irmã e pela Mediadora a não aceitarem essa doce senhora em seu templo, mas elas não estão livres de ser castigados, afinal não são ingênuas a ponto de não ter sua própria opinião. Eu me senti envergonhado pela atitude mesquinha de Eunice. Por que ela expulsou essa senhora do templo? Nunca vamos saber o verdadeiro motivo, penso que, talvez, minha irmã tenha notado o brilho natural oriundo da adorável senhora e isso a incomodou, então ela resolveu que ia acabar com aquilo, porque, afinal, estava lutando para conquistar seu espaço na igreja e ninguém podia se destacar mais do que ela. Faz sentido. Mas não posso afirmar isso.

A verdade é que nesse exato minuto eu estou muito feliz. Feliz por poder compartilhar desse momento com uma pessoa tão especial; feliz por ter tido o privilégio de conviver, mesmo que seja por um curto espaço de tempo, com essa senhora iluminada. Sou grato por isso, não sei bem a quem devo agradecer, mas agradeço. Essa experiência me mostrou que há, com certeza, uma força maior do que todos nós, algo capaz de nos conduzir ao êxtase, uma força que nos arrebata e nos eleva ao mais alto nível de calmaria. Nunca senti uma paz como essa, nunca tive uma sensação tão branda quanto a que experimentei naquela igreja, juntamente com esse ser iluminado que é essa terna senhora. Hoje sou uma mosca, mas é como se tivesse voltado a ser homem, simplesmente pelo fato de como essa adorável senhora me tratou. Sua percepção é tão sensível que ela enxergou o ser humano que há por trás desse corpo de inseto; não só isso, ela também alcançou meus sentimentos. Essa doce senhora se conectou a mim, sem preconceitos e incertezas. Essa senhora chegou até mim, me invadiu, despiu-me da capa que criei para passar despercebido. No fundo era isso que eu queria, desejava estar nos ambientes, vivenciar as diversas situações sem ser notado. Porém, ela me notou. E, por fim, estou feliz por isso. Acho que aceitei essa doce invasão justamente por ser doce; por me trazer homéricos benefícios, por fazer com que eu me sinta a pessoa mais importante do mundo, completo, bem-aventurado, vitorioso. Não sei se isso tudo já estava programado em meu destino, não sei nem se acredito em destino, o que sei é que foi a melhor coisa que aconteceu em minha vida. Sinto por minha irmã, que não soube aproveitar a bem-aventurança que essa senhora poderia trazer àquela igreja. Eunice privou os frequentadores daquele templo da magnitude do verdadeiro encontro com Deus, talvez eles não fossem capazes de descobrir sozinhos, mas minha irmã não lhes deu essa chance, ela cortou o "mal" pela raiz, segundo seu discernimento torpe.

Chegou a hora de me despedir. A doce senhora se levanta e me acompanha até a porta. Eu sigo voando ao lado de sua face. Já à porta, ela gentilmente agradece a minha companhia e eleva suas mãos para que eu pouse nelas. Seu corpo recende uma luz branca muito forte, eu quase não consigo olhar para ela. Novamente me sinto em êxtase, é como se ela estivesse recarregando minhas energias. Então, ela levanta as mãos para que eu finalmente voe. Não sei explicar nem narrar a emoção que senti, misturada às sensações de força e paz que tomaram conta de meu ser.

Voei. Voei até minhas asas ficarem cansadas. Uma euforia tomou conta de mim. Tenho a impressão de que agora posso enfrentar qualquer coisa. Que venham os infortúnios, nada mais pode me atingir.

Fortalecido, sigo minha saga de inseto observador. Vou atrás das vidas alheias, curioso, pronto para, quem sabe, interagir em algum momento, mas longe das aflições que permeiam o cotidiano de cada indivíduo perseguido.

*

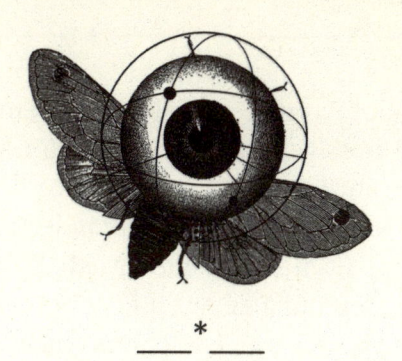

E na vida de minha irmã Eunice as coisas se complicam. Ela segue sua rotina doida de vai para lá, vai para cá, enlouquecida, querendo fazer tudo ao mesmo tempo, mas a história de o Senhor Soberano ter ligado para a Mediadora não sai de sua cabeça. A Mediadora continua estranha. Ela anda calada, tem chegado em cima da hora do culto e, quando a adoração termina, sai correndo sem dar atenção a ninguém. Eunice está estranhando essa atitude dela, mas tem receio de perguntar o que está acontecendo afinal.

O fato é que a Mediadora tem muito com que se preocupar, pois o Senhor Soberano não deu aquele único telefonema, ele tem estado no pé dela e de seu marido desde então. Eunice não tem ideia do que realmente está acontecendo, porém, mesmo com a pulga atrás da orelha, minha irmã permanece devota. Ela prossegue com a paparicação, cobrindo a Mediadora de mimos, sendo submissa, abrindo mão até mesmo de sua própria vida para servir sua chefe espiritual. O que Eunice não sabe é que a Mediadora e seu marido não são quem ela pensa que são. Eles vivem de aparência. Não podem revelar o que fazem de verdade, afinal, precisam dar o exemplo aos membros da igreja, então tudo é feito por debaixo dos panos.

Já presenciei muita coisa da vida da Mediadora. Ela e seu marido não são exatamente um exemplo para a igreja. Entre quatro paredes eles vivem uma vida obscura, saem da linha, fogem às regras religiosas, entretanto, quando estão à frente de sua igreja parecem impecáveis. O casal perfeito. Os membros nem desconfiam de que seus chefes espirituais não são o que eles pensam que são, para eles trata-se de pessoas corretas, que pregam o que é certo. Sim, eles pregam o que é certo, mas não o fazem. Minha dúvida é se minha irmã tem ideia disso e finge que não vê ou se ela realmente não percebe a dissimulação da Mediadora. Não é possível que Eunice não tenha visto que a Mediadora rouba a igreja, por exemplo; sobre a vida obscura do casal é possível que ela não tenha noção de como eles são de verdade, porém, o que acontece dentro do templo Eunice é capaz de perceber, eu só não consigo entender o motivo que a faz continuar tão devota. Eunice sabe que a Mediadora vem roubando a igreja, inclusive ela desconfia de que a ligação misteriosa do Senhor Soberano tenha a ver com isso; então, por que ela não se distancia? Talvez seja porque ela dedicou boa parte de sua vida à igreja e agora não consegue se livrar, ou quem sabe minha irmã esteja tão focada em seu objetivo de agradar a Mediadora que ela acaba apagando de sua memória qualquer resquício que venha lhe causar decepção. É provável que na mente dela seja melhor manter tudo como está, caso contrário, não saberá lidar com a frustração de não ter a quem agradar. Sim, Eunice precisa agradar as pessoas, principalmente alguém que lhe pareça superior, é disso que ela se alimenta, é assim que minha irmã vive, em função de agradar os outros. Eunice não é capaz de se sentir completa consigo mesma, ela tem vergonha de si; não acredita que possa se sobressair; não se dá valor. É como se ela fosse um sanguessuga que se alimenta da vida alheia, só assim ela sente importante, somente dessa maneira ela consegue se sentir bem. Na igreja, Eunice tem uma posição. Lá tem o poder de meter o bedelho na vida das pessoas, ela pode apontar o dedo para alguém, julgando essa pessoa de acordo com seu modo de vida, ela acha que tem essa autoridade sobre a vida dos membros e, quanto mais próxima for da Mediadora, mais poderosa será. Na igreja, Eunice consegue camuflar todas as suas angústias, todos os problemas emocionais pelos quais passa ficam guardados em uma caixinha, eles mexem com ela, mas Eunice disfarça bem com sua felicidade forçada, obrigatória para quem tem uma posição de liderança na igreja. Sua vida está uma desgraça. A cada passo que ela tenta dar para a frente, vai mais para trás ainda. Ela não tem dinheiro para pagar as contas, sua casa está abandonada, sua saúde está sendo negligenciada, sua vida familiar inexiste. Eunice está só. Não que isso seja ruim, para alguns pode ser uma vantagem, mas não para minha irmã. Ela quer muito encontrar alguém com quem possa dividir suas experiências, alguém que cuide dela, que a faça feliz, mas isso não acontece nunca. Eunice se sente solitária. Poderia ser diferente se ela estivesse bem consigo mesma, porém não é. Minha irmã não percebe que a felicidade não está no outro, e sim em si mesma. Porém, ela foge de si quando se enfia nessa vida desvairada, sem rumo, sem amor-próprio, sem compaixão.

Aqui está ela novamente, enfiada nessa igreja. Enquanto isso, a Mediadora tenta desesperadamente se livrar do encalço superior. O Senhor Soberano é persistente, quer saber de qualquer jeito o que está acontecendo na igreja dele. A Mediadora faz umas contas mirabolantes para apresentar ao líder máximo; com medo de ser pego, seu marido a ajuda, ele tenta disfarçar a roubalheira tanto da igreja de que ele toma conta como do templo onde sua esposa é líder. Os dois estão apavorados, além de não quererem perder essa fonte que jorra dinheiro, eles têm medo de ser punidos.

Eunice continua a observar a inquietação da Mediadora, ela mal consegue se concentrar no culto, tamanha é sua aflição. Esta noite, pouco antes de a adoração se iniciar, Eunice percebe uma movimentação na porta da igreja. As pessoas se aglomeram lá, agitadas, todas falando ao mesmo tempo. Quando Eunice chega à porta, mal pode acreditar no que está vendo. É nada mais, nada menos, que o Senhor Soberano, em pessoa, aproximando-se da entrada do templo. Os frequentadores da igreja estão alvoroçados, todos querem tocar o Senhor Soberano. É como se ele fosse o próprio Jesus Cristo. Eunice aparta as pessoas e dá passagem para o Senhor Soberano adentrar. Ele a cumprimenta: "A paz!". Eunice responde com a voz trêmula: "A paz, Senhor Soberano!". O líder máximo da congregação continua: "Onde está a Mediadora?". Eunice faz sinal com as mãos indicando o caminho. O burburinho continua. A igreja toda está em polvorosa. Eunice acompanha o Senhor Soberano até o camarim da Mediadora. A Mediadora está tão concentrada em seu computador que nem percebe o que está acontecendo, quando, de repente, o Senhor Soberano aparece bem na sua frente. O susto que leva é tão grande, que ela quase cai para trás com cadeira e tudo. O Senhor Soberano, então, a cumprimenta e vai direto ao assunto: "A paz, Mediadora! Eu vim aqui hoje para terminarmos aquela conversa que começamos ao telefone. Podemos?". Gaguejando, a Mediadora responde: "A paz, Senhor Soberano! Como o senhor sabe, o culto já vai começar, eu me sinto honrada com sua visita, mas não vou poder conversar com o senhor, pois tenho de ministrar o culto". Ela está certa de que se safou, pois sabe que o Senhor Soberano é um homem muito ocupado e, provavelmente, não vai poder esperá-la. Entretanto, ele quebra sua expectativa: "Não tem problema, Mediadora, eu faço questão de lhe esperar, inclusive, vou assistir ao culto". A Mediadora fica desnorteada. Não sabe o que vai fazer, não sabe se sua tentativa de encobrir as tramoias em que ela e seu marido se meteram deu certo. Sua agonia é tão grande que suas pernas tremem enquanto se dirige ao púlpito. Ela não tem ideia se irá conseguir pregar, mas não tem alternativa, principalmente com a presença do Senhor Soberano, ali, de olho nela, o tempo todo. O suor escorre por seu rosto, sua voz sai meio trêmula. Os membros da igreja não percebem o nervosismo dela, eles estão alucinados com a presença do Senhor Soberano. Eunice não perde tempo e se senta ao lado dele, quer dizer, ela está sentada ao lado de um dos seguranças que andam ao lado do Senhor Soberano, impedindo que as pessoas se aproximem. Mas, mesmo assim, minha irmã parece orgulhosa de estar tão perto do líder máximo da congregação, ela também se torna um leão de chácara, não permitindo que ninguém chegue perto do Senhor Soberano. A Mediadora fala para uma plateia inerte, no fim ela acha bom que as pessoas não estejam percebendo o quanto está apreensiva. Porém, há uma pessoa que está, sim, notando seu nervosismo: o Senhor Soberano. Apesar do tumulto, ele não tira os olhos dela; com um olhar frio, ele a encara. Seus olhos estão dizendo: "Você está me traindo e eu vou pegá-la!". A Mediadora gela de medo, ela não sabe o que fazer, o culto está quase terminando e ela terá de enfrentar o Senhor Soberano. O que ela vai dizer? Como irá se safar dessa? A meu ver, ela não tem alternativa, acredito que agora a Mediadora será desmascarada.

    O culto termina. A Mediadora vai direto para seu camarim. O Senhor Soberano vai atrás. Eunice segue os dois, porém, ela é barrada na porta, eles não a deixam entrar e se trancam na sala. Entretanto, perdendo todo pudor que lhe resta, minha irmã tenta escutar a conversa colando seu ouvido na porta, mas sua tentativa é vã, porque eles falam extremamente baixo.

Lá dentro a conversa não é nada boa, o Senhor Soberano questiona mais uma vez sobre as discrepâncias que ele encontrou na caixa da igreja: "O que você anda fazendo, Mediadora? Você está me roubando?". A chefe espiritual não sabe o que responder, como ela vai mentir para o Senhor Soberano? Para ela, ele é como se fosse Deus, é a pessoa a quem ela mais teme na vida, é o dono de tudo, o mandachuva, a pessoa que detém todo o poder. Com a voz embasbacada, ela responde: "Claro que não, Senhor Soberano! Eu jamais faria algo do gênero, ainda mais com o senhor. Deve ter ocorrido algum erro na hora da contabilidade, vou verificar e lhe informo assim que descobrir a falha". O líder máximo a mira com um olhar desconfiado, ele não acredita na palavra dela, mas, mesmo assim, resolve lhe dar uma chance: "Okay. Eu quero saber todos os detalhes, quero que você me explique direitinho o que está acontecendo, por que o dinheiro está sumindo. Ah! E dê o recado ao seu marido. Avise que também estou de olho na unidade que ele cuida". Então, o Senhor Soberano deixa o local com toda a pompa de um gângster, cercado por seus seguranças e rodeado pelas pessoas que ficaram por ali somente para vê-lo sair.

No camarim, Eunice encontra a Mediadora sentada, com a cabeça apoiada à mesa, inconsolável. Ela tenta consolá-la colocando as mãos sobre seus ombros, proferindo palavras de conforto: "Mediadora, não fique assim, olhe, eu não sei o que está acontecendo, mas, saiba que estou aqui para ajudar no que for preciso, conte comigo!". A Mediadora levanta vagarosamente a cabeça, olha fixamente para Eunice e diz: "Eunice, saia agora da minha frente! Você não pode me ajudar. Não quero sua ajuda. Você está me irritando com esse seu excesso de zelo. Saia agora da minha frente! Já!". Assim como eu, minha irmã fica desnorteada. Ela não esperava essa reação. Para dizer a verdade, nem eu esperava por isso, a Mediadora reagiu de forma extremamente cruel com minha irmã, ela nunca tinha agido assim antes, pelo menos na frente de Eunice. Por mais que a Mediadora tenha sido um pouco agressiva, ela nunca chegou a esse ponto de estupidez, mesmo porque a grande líder tenta, de todas as formas, manter as aparências, por isso procura agir mostrando um amor falsificado, uma doçura mascarada, uma força delicada. Mas hoje a mediadora foi ela mesma. Mostrou sua cara, escancarou a perversidade antes escondida atrás da capa de boa samaritana. Minha irmã fica decepcionada. Ela nunca imaginou que a Mediadora pudesse tratá-la dessa maneira, isso a entristece muito. Até eu estou com pena de minha irmã, mas no fundo eu sabia que isso ia acontecer um dia, ninguém consegue se manter debaixo de uma máscara a vida toda. Às escondidas, sobrevoando o lar da Mediadora, eu já tinha visto como ela realmente é, porém, Eunice não. Minha irmã não tinha a menor ideia de que a Mediadora finge gostar dela, não sei se ela não quer enfrentar essa realidade ou se é realmente ingênua a ponto de achar que a relação delas era verdadeira. Seja qual for o motivo que acaba apagando da mente de Eunice a real identidade da Mediadora, hoje isso caiu por terra. A máscara caiu. Eunice viu e sentiu na pele a legítima identidade de sua chefe espiritual.

Após seu descontrole, a Mediadora deixa o templo rapidamente, para não ter de falar com ninguém. Eunice ainda se recupera do baque que levou e começa a fechar tudo ligeiramente para sair o mais rápido possível. Minha irmã fica tão agitada que acaba me contaminando. Não consigo ficar quieto em um lugar, preciso voar de um lado para o outro, ecoando o zunido das minhas asas pelos ouvidos das pessoas que ainda permanecem ali. Tenho saudade da presença daquela doce senhora, que trazia paz para esse lugar, pelo menos para mim, que conseguia enxergar a leveza de sua espiritualidade. Agora estou aqui atordoado. Não consigo lidar com essa gente. É quase insuportável. Mas essa foi minha escolha, estar aqui sobrevoando os ambientes, assistindo aos descaramentos que permeiam o cotidiano dessas pessoas e, mais do que isso, estou aqui, nesse corpo de mosca, testemunhando o fracasso que é a vida de minha irmã Eunice. Fico pensando se devo sentir pena dela, mas ao mesmo tempo, imagino que não. Eu sei que Eunice não tem consciência de que ela mesma atraiu todas essas coisas ruins para si; ela não percebe que seu modo de pensar e de agir a aproximou da Mediadora e a mantém nessa igreja sem pé nem cabeça; a maneira como vive não trouxe nem está trazendo nada de bom, mas Eunice insiste em vivenciar tudo isso. Não sei qual a razão que me faz pensar nisso de novo. Eu já cheguei à conclusão de que minha irmã precisa desses fatos, de que ela se alimenta dessa rotina sugadora, Eunice não sabe viver sem isso, se tirarmos a igreja da vida dela, ela fica sem chão. Mas, e Deus? Onde entra nessa história? Não há Deus. O que existe é um esconderijo. Isso mesmo, um esconderijo. Minha irmã encontrou na religião um refúgio para se ver livre de seus problemas. As dificuldades às quais ela está sujeita não são tão complicadas assim, são coisas que, se ela se esforçar, consegue resolver. O sufoco maior é ela ter de lidar consigo mesma. Eunice nunca esteve preparada para enfrentar seus medos, seu maior temor é ter contato com aquilo que há dentro dela, com seus sentimentos mais profundos, com suas imperfeições, então ela se veste com essa capa. Usa toda essa confusão que é sua vida para se esconder de si. Volto à questão da compaixão. Se ela não tem consciência disso, será que não merece minha piedade? Todas essas coisas sou eu que estou vendo, porque estou aqui de fora, em um corpo de mosca, vendo e ouvindo tudo o que acontece na vida dela. Ela mesma não tem capacidade para isso. Está presa nessa teia, está dentro desse círculo doentio e não consegue perceber a cilada em que se meteu.

Minha irmã é incapaz de enxergar o quanto sua vida andou para trás desde que resolveu entregar sua mente a essa congregação. Nossa mente é a coisa mais preciosa que temos, por isso nós é que devemos estar no comando, temos de estar aptos a dominá-la e a lhe dizer o que queremos e o que não queremos, para isso as coisas têm de estar bem claras e é preciso enxergar um pouco além, para que possamos ter total controle sobre ela. Nossa mente pode nos levar tanto à vitória quanto ao total fracasso, isso vai depender de nossa competência em mandar os comandos para ela. O que minha irmã faz é ignorar, por completo, o poder de sua mente, por isso ela está vivendo essa vida medíocre, sendo capacho da Mediadora, anulando sua vida inteiramente para fazer a vontade dos poderosos que comandam sua igreja. Ela tenta se enganar achando que tudo o que faz é para o Senhor, na verdade ela é induzida a pensar assim. Seu discurso chega a ser patético, quando tenta justificar a ausência de sua própria vida. Fico pensando se isso é certo. Para mim é inconcebível que uma religião induza as pessoas a anularem a vida em função de interesses de alguns. A polêmica está em a pessoa se deixar ser induzida. É o caso de Eunice. Por isso eu não tenho pena dela. Eunice não é uma criança, ela é capaz de fazer suas escolhas assim como qualquer pessoa, está apta a discernir sobre o bem e o mal. Ela tem competência para escolher o caminho que quer seguir, ninguém pode impedi-la, mesmo que alguém tentasse seria inútil, pois, tenho certeza, ela contestaria; diria que ninguém tem o direito de se meter em sua vida, que sabe muito bem o que está fazendo. Eunice encontraria mil desculpas para suas ações, mesmo que as evidências mostrassem que o caminho escolhido não é exatamente o melhor dos mundos. E assim minha irmã vai vivendo esse dilema, para ela está tudo bem, mas isso é superficial, dentro dela não está tudo bem.

Eunice fecha a igreja e vai para casa, como sempre, eu a acompanho sem que ela perceba. Está muito desapontada com a Mediadora, mais uma vez minha irmã se decepciona com sua chefe espiritual. Já em sua casa, Eunice entra em sua rotina, antes de fazer qualquer coisa, ela se apega ao computador e ao celular e começa a trocar mensagens com todo tipo de gente. Em sua cabeça, ela está cumprindo com sua obrigação, afinal, no mundo moderno em que estamos vivendo, a tecnologia é uma aliada. Para mim, tudo o que envolve tecnologia se torna automaticamente banal, porém, para minha irmã, esse é o modo mais prático e eficaz de ajudar as pessoas e, acima de tudo, de propagar a palavra de Deus. Eu não entendo isso, não consigo ver profundidade, a meu ver são apenas pessoas trocando mensagens por meio de um aplicativo. O que vejo é que no mesmo ambiente onde "orações" são trocadas, há pornografia, fofocas, piadas de mau gosto, conversas fúteis e muitas outras coisas que não levam a nada. Entretanto, para Eunice, esse é um recurso quase "espiritual". E ela se pega a isso de tal maneira que se desliga completamente do mundo exterior, tudo o que está acontecendo ao seu redor passa despercebido, é como se fosse abduzida por extraterrestres e atingisse um estado de hipnose. Seu corpo fica paralisado, sua coluna está curvada, seus olhos estão fixos na tela, seus dedos estão vorazes no teclado. Não consigo imaginar como está sua mente. Penso que deve estar borbulhando de informações descoordenadas prestes a entrar em colapso. Parece que minha irmã está drogada. Até mesmo o ruído de minhas asas sobrevoando sua cabeça não a incomoda, ela não percebe, ela está em um coma cibernético. Na verdade é mais do que isso, o problema não é a tecnologia em si, a questão é o motivo que a faz entrar nessa jornada descabida e sem propósito: a fuga. Eunice não é capaz de lidar com sua própria realidade, então se enfia nessa marcha zumbi dos loucos por tecnologia para ter um pouco de alívio da dor que ela sente quando passa por alguma situação com a qual não consegue lidar. Eu fico apavorado quando a vejo assim, inerte. Tento chamar sua atenção de todas as maneiras, até pouso no teclado para ver se ela se movimenta para me enxotar dali, mas minhas tentativas são em vão, Eunice está catatônica. Não vou mais perder meu tempo aqui, não há nada para se fazer.

Meu destino agora é a casa da Mediadora. Tenho curiosidade em saber como ela está reagindo à visita do Senhor Soberano, quero saber se vai conseguir esconder suas fraudes, se vai se safar dessa.

*

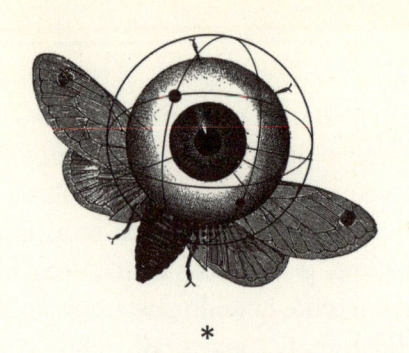

Na residência do casal de pastores, tudo está normal, pelo menos aparentemente. A empregada cuida do jantar; a Mediadora toma seu banho; seu marido a espera na sala, lendo o jornal. É um momento comum, sem novidades. Porém, por dentro dos donos da casa, as coisas não estão nada bem. Eles estão tentando disfarçar, mostrando uma aparente tranquilidade, mas ambos estão se corroendo por dentro. Eles não sabem o que fazer para se livrar das ameaças do Senhor Soberano. Enquanto o esposo da Mediadora lê as notícias, sua mente transborda preocupação e desespero. Não é diferente com a Mediadora. Durante o banho, ela tenta desesperadamente encontrar um modo de esconder a fraude das ofertas. Se o Senhor Soberano comprovar suas suspeitas, eles estarão perdidos, não terão mais a chance de ganhar dinheiro fácil e correrão o risco de perder tudo o que têm, já que a única fonte de renda do casal provém da igreja.

Após o banho, a Mediadora se junta ao marido e eles iniciam uma conversa: "Temos de dar um jeito nisso; o Senhor Soberano está bastante desconfiado, eu não sei mais o que dizer para ele. Acho que ele não caiu na minha conversa de que houve um erro nos cálculos", explica a Mediadora. Demonstrando mais nervosismo, seu esposo comenta: "Eu não sei o que fazer! Estou desesperado! O Senhor Soberano me ameaçou, disse que se eu não tivesse uma boa explicação para o desfalque, eu e você iríamos pagar caro! Sinceramente tive medo. Acho que ele não estava só falando em nos expulsar da igreja, tive a impressão de que havia mais alguma coisa por trás daquela ameaça". "Você está louco!", contesta a Mediadora. "O Senhor Soberano seria incapaz de nos fazer mal, tire isso da sua cabeça, agora! Nós já temos problemas demais para resolver, não podemos ficar imaginando bobagens. Às vezes você parece uma criança!" Nesse momento a empregada entra na sala para avisar que o jantar está servido. O casal encerra momentaneamente a discussão e vai para a mesa, eles não querem, de jeito nenhum, que a empregada ouça a conversa, não podem ter nenhuma testemunha contra eles. Mas as paredes têm ouvidos, é impossível controlar isso, os empregados acabam escutando coisas que não deveriam; a jovem moça que trabalha na casa já percebeu tudo o que está acontecendo. A sorte deles é que ela não frequenta a igreja, embora, há algum tempo, eles tenham insistido para ela fazer parte da congregação, mas ela não aceitou, dizia que tinha sua religião e que não queria mudar. Mas isso não a impede de abrir a boca, como comumente acontece, a empregada comenta o que ocorre dentro da casa dos patrões com seus parentes e amigos. Por enquanto, isso não é uma ameaça para o casal, mas, talvez, no futuro...

Durante o jantar, após a empregada se retirar, a Mediadora e seu esposo retomam a discussão e, para desespero de ambos, eles não conseguem chegar a uma solução para seu problema. Mas, espere! No meio da conversa surge um novo fator. Ouço o inimaginável. O casal comenta algo que eu não tinha escutado antes, eles conversam sobre um acontecimento que ocorreu há oito anos, quando uma ordem é-lhes dada e os dois, então, têm de cumpri-la. Como em um ritual de aceitação, a Mediadora e seu marido cometeram uma atrocidade, eles torturaram, por horas, um membro da igreja do principal cujas funções mentais eram precárias. O indivíduo tinha um retardamento cognitivo, apresentava dificuldade em se comunicar e não conseguia executar, sozinho, tarefas simples do cotidiano. Mas essa pessoa era muito rica. Mas, o que aconteceu, afinal? A Mediadora e seu marido continuam a relembrar. Na época, eles receberam um telefonema do Senhor Soberano, que os intimou a comparecer em seu escritório. O casal rapidamente atende ao pedido de seu líder. Chegando lá, o Senhor Soberano os recebe com toda pompa, lhes oferece o melhor vinho, os deixa bastante confortáveis e começa, então, a falar: "Quero que vocês façam um favor para mim. Isso será uma prova muito grande de que estão do meu lado e de que eu posso confiar em vocês. Será um segredo que ficará somente entre nós e lhes abrirá as portas para tudo de bom que a igreja pode lhes oferecer. É isso que Deus quer que vocês façam. Ele quer que vocês obedeçam à ordem do profeta. Eu posso contar com vocês?". O casal, sem questionar absolutamente nada e sem sequer saber qual seria tal pedido, concorda. Então, o Senhor Soberano segue com sua assustadora solicitação: "Vocês conhecem bem aquele senhor que tem problemas mentais e frequenta a igreja?". Ambos dizem que sim. "Pois, então, esse senhor tem muitas posses, ele é um homem muito rico, embora tenha aquela aparência desleixada, ele é herdeiro de uma fortuna e, como não bate bem da cabeça, não sabe o que fazer com o dinheiro. Andei investigando a vida dele e sei que muitos de seus parentes abusam de sua inocência para tirar seu dinheiro. Deus não quer que isso aconteça, Ele me falou em oração que eu devo fazer alguma coisa para ajudar essa pessoa, então, em um sonho, me veio uma luz e clareou minha inteligência e eu soube exatamente o que fazer." A Mediadora não sabe o que dizer, ela não tinha ideia de que aquele homem era rico, muito menos o principal, que convive com o tal homem quase todos os dias. Eles estão ansiosos para saber o que precisam fazer para ajudar o tal homem e aguardam, em silêncio, as ordens do Senhor Soberano. "Vocês vão fazer o seguinte: vão atrair o homem para um lugar bem afastado, tem de ser um local isolado, onde ninguém perceba a presença de vocês, mesmo que falem muito alto. Quando estiverem lá com o homem, vão obrigá-lo a assinar uma procuração que eu vou lhes entregar. Esse documento é a confirmação do vínculo entre mim e o homem para que ele seja salvo dessa vida que está levando. Se ele resistir, vocês devem usar da força bruta. Isso mesmo, assim como Davi teve de lutar com o gigante, vocês terão de lutar contra o demônio que está dentro desse homem e que está o impedindo de ser feliz. Não se preocupem se tiverem de usar de violência, se na hora o inimigo colocar alguma dúvida em suas cabeças, vocês devem se lembrar de que essa é a vontade de Deus e estão cumprindo uma ordem do profeta." Nessa hora eu comecei a ficar enjoado. Tento voar, mas não consigo sair do lugar. Não posso acreditar no que estou ouvindo.

O casal fez o que o Senhor Soberano pediu e, assim como previsto, apesar de sua deficiência, o homem entendeu que aquilo não era uma coisa boa e resistiu. E aconteceu o que a dupla temia, eles tiveram de bater no homem, o torturaram, o surraram, até que ele não aguentou mais e assinou o documento. Os dois abandonam o homem lá, caído, sem forças e muito ferido e deixam o local rapidamente.

A procuração dava plenos poderes ao Senhor Soberano, ele podia administrar a fortuna do sujeito da maneira que quisesse. O homem conseguiu se salvar, ele se arrastou até a estrada de terra e umas pessoas que passavam por ali de carro o ajudaram. Mas ele não se lembrava de nada, a surra que levou foi tão intensa que piorou seu estado mental. Ele não conseguia se recordar dos acontecidos, não sabia quem tinha feito aquilo e muito menos que tinha assinado um papel; pior do que isso, mesmo depois de sua recuperação, ele não se lembrava de que era rico, e passou a viver praticamente como um mendigo. Sua família o questionava sobre sua fortuna e ele dizia que não tinha dinheiro nenhum, que não sabia do que eles estavam falando. Isso lhe gerou mais problemas, pois os familiares que o sugavam passaram a maltratá-lo, achando que ele estava fingindo que não sabia do dinheiro para não ter de dar a eles. Enquanto isso o Senhor Soberano já usufruía da riqueza que pertencia ao homem.

Depois desse trágico episódio, a Mediadora e seu marido fingiram que nada tinha acontecido e seguiram suas vidas. Na verdade, eles até sentiram certo orgulho em agradar o Senhor Soberano, afinal foram bastante eficientes em realizar a tarefa que lhes foi passada e agora tinham todo prestígio de que precisavam para se dar bem dentro da igreja.

Estou completamente chocado com a maneira torpe com que o casal relembra esses fatos aterrorizantes. Eles sabem que o que fizeram não foi correto, toda aquela conversa de que era vontade de Deus não foi totalmente comprada pelos dois, porém, assim como minha irmã, eles também têm um desejo quase incontrolável em agradar seu líder máximo. Essa submissão chega a ser doentia, idolatram o Senhor Soberano, querem ser como ele, querem fazer parte de seu círculo de amizades, estar perto para ter prestígio. No fim é só isso, prestígio.

Imagino que Eunice não tenha conhecimento dessas histórias. Acho que não, ela não consegue ver o que está debaixo de seu nariz.

A Mediadora rouba as ofertas e minha irmã ali, inerte. Não sei se ela finge que não vê ou se efetivamente não percebe o que está acontecendo. Às vezes, penso que ela sabe de tudo, mas, para não perder o famoso reconhecimento da Mediadora, fecha os olhos para suas atitudes pouco ortodoxas. Se for isso mesmo, se minha irmã ignora conscientemente as trapaças da Mediadora, esse meu corpo de inseto não pode resistir a tamanha decepção.

Agora isso. Essa história horrenda que vem à tona e que o casal lida de um modo assustador, como se o que eles fizeram fosse uma coisa banal, algo que qualquer um faria. Não, as coisas não são bem assim. Estou apavorado. Eunice está misturada a essa gente e, quando ela decide não agir, se torna cúmplice dessa bandidagem toda.

Enquanto estou aqui neste canto, tentando absorver tudo isso que acabei de ouvir da boca da Mediadora e de seu nada adorável marido, ouço um estrondo ensurdecedor. O que pode ser isso? Meu coração dispara. Instintivamente saio voando pela casa toda. Não sei onde parar, não sei o que fazer. Percebo que o vidro da imensa janela da sala está estilhaçado. Olho para o lado e vejo a Mediadora jogada ao chão. Seu esposo está debaixo da mesa, amedrontado. A empregada corre para a sala para ver o que está acontecendo e os estrondos reiniciam. Foi aí, então, que percebo que são tiros. A casa do casal está sendo alvejada. Todos se escondem onde podem até que os tiram cessem. De repente, um silêncio aterrorizante invade o lugar. Há uma poeira no ar, movimentando-se de forma vagarosa. Os atiradores se foram. Lentamente, todos da casa vão se levantando. Eu sobrevoo o local sem enxergar muito bem por causa da poeira; à medida que ela vai se esvaindo, a ansiedade vai aumentando. O Principal vê a empregada que também está se levantando. "Você está bem?", ele pergunta. A empregada responde que sim. Então, ele percebe que não está vendo a Mediadora. "Querida! Querida! Onde você está?" Com o ambiente mais claro, ele a vê deitada de bruços no chão. Ela está imóvel. Ele corre em sua direção e começa a sacudi-la aos gritos: "Querida! Amor! Levante-se!". Ela não se mexe. Foi aí que ele resolve virá-la. Ele não estava preparado para o que ia ver, sua esposa está morta. Ela levou um tiro bem no peito. Na tentativa de ressuscitá-la, sem saber como agir, ele a agita para que ela volte à consciência, mas, é tarde demais. Ele não percebe que ela já está morta. A empregada está aos prantos. O Principal grita para ela chamar a emergência. Ela mal consegue se mexer, mas corre até o telefone e chama a polícia.

    Mal posso acreditar no que está acontecendo; mesmo atordoado, não consigo parar de pensar em quem fez uma coisa dessas, é óbvio que sei quem foi, mas ainda é inconcebível para mim. Meu Deus! Como Eunice vai reagir a isso? Ela não está preparada para enfrentar esse tipo de coisa, minha irmã é frágil emocionalmente, vai ser muito difícil conseguir superar uma atrocidade dessas.

———*———

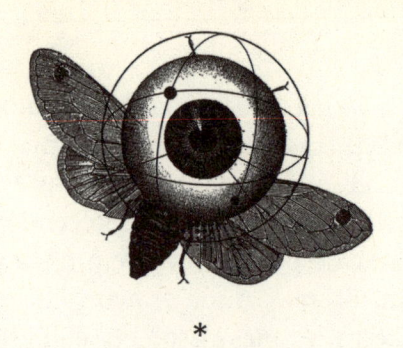

Alguns dias se passaram. Toda a igreja ainda está em choque com a morte da Mediadora. Ninguém sabe direito o que aconteceu, ninguém entende por que a Mediadora foi assassinada. Eunice está arrasada, ela perdeu o chão, não sabe o que fazer, está perdida. Os membros da igreja se unem para consolá-la, eles sabem o quanto Eunice era próxima da Mediadora, porém, não adianta muito, ela não reage.

Minha irmã sempre foi dramática, desde criança tudo era motivo para criar uma cena; nossa mãe até que tentava fazer com que ela reagisse melhor às situações difíceis, mas ela sempre foi a mais chorona de nós de três. Patrícia era inerte a tudo, muito avoada, e eu era o único mais atento e, de certa forma, o mais consciente sobre as coisas, isso me fazia mais forte.

Sempre fui muito preocupado com Eunice por causa de sua fragilidade, nem sei como ela conseguiu sobreviver à morte de nossos pais. Eu achava que ia entrar em depressão e definhar, porém, de algum modo, ela superou. Ao mesmo tempo que me preocupo com Eunice, sua dramaticidade me irrita. Minha irmã tem o dom de tornar as coisas mais complexas do que elas são. Entendo que para mim é mais fácil lidar com situações complicadas, mas ter de suportar a tragédia grega que Eunice cria é bem cansativo.

A morte da Mediadora foi algo realmente trágico, ninguém está lidando bem com isso, muito menos minha irmã. Não sei o que será dela daqui para a frente. A Mediadora era seu chão. Era a pessoa em quem Eunice se inspirava; o que ela vai fazer agora que a Mediadora está morta? A quem minha irmã irá pedir aprovação? Quem é merecedor de sua submissão?

A Mediadora morreu, mas a igreja continua. Porém, Eunice não tem forças para fazer qualquer coisa. Outra pessoa foi enviada para substituir a Mediadora. Ela já está tomando as decisões para reabrir o templo que esteve fechado durante esse tempo de luto. Os membros a ajudam. Eunice está largada em um canto de uma sala qualquer. Seus soluços são ouvidos pela igreja toda. As pessoas não sabem mais o que fazer para ajudá-la. Foi quando a nova líder decidiu tomar uma atitude. Ela se dirige até Eunice, abaixa-se, coloca uma das mãos no ombro de minha irmã e, com uma voz doce, diz: "Eunice, você precisa reagir. Eu sei que tudo isso que aconteceu foi horrível, que não tem sentido nenhum, mas é preciso que todos nós tenhamos forças para ir adiante. Precisamos reabrir o templo, há pessoas lá fora que estão esperando por uma palavra de consolo, seja pelo que aconteceu, seja pelos problemas que também estão enfrentando. Por isso, Eunice, eu lhe peço, me ajude a fazer isso, você é uma peça-chave para o perfeito funcionamento das coisas por aqui, por favor, me ajude!". Eunice levanta cabeça, com olhos cheios lágrimas, ela olha para a nova líder e, ainda soluçando, balança cabeça em sinal positivo.

    Ficou nítido o conforto que Eunice sentiu quando a nova líder se aproximou dela, com toda aquela doçura. Minha irmã está carente de atenção, já estava antes de tudo isso acontecer, depois da tragédia, então, sua carência só aumentou. Agora, Eunice precisa, mais do que nunca, de uma nova pessoa a quem se apegar. Daqui do canto da parede, eu quase implorei que aparecesse alguém para ajudar minha irmã. No fim, meu coração é mole. Realmente estava muito preocupado com minha irmã e estava torcendo para que alguém a fizesse reagir. Não conheço essa nova Mediadora, porém, neste momento ela foi extremamente dócil, me passou a impressão de ser verdadeira, mas não sei se posso afirmar isso, é melhor observar mais um pouco. Não sei se ela agiu assim porque precisa muito da ajuda de minha irmã ou se é realmente é bondosa.

    Eunice começa a reagir e ajuda a Mediadora em seu primeiro culto. A igreja está quieta, todos estão consternados com a tragédia dos últimos dias. Ninguém está entendendo nada. Os membros da igreja estão assustados, não sabem o que pensar. Muitas ideias devem estar passando pela mente dessa gente. Que o assassino pode matar mais alguém da igreja: se matou a Mediadora, por que não assassinar outra pessoa? Ou, então, talvez pensem que a Mediadora tentou ajudar algum drogado e seu fornecedor resolveu matá-la porque ela estava tirando seus clientes do tráfico. Muitas coisas passam pela cabeça das pessoas neste momento, mas ninguém pode sequer imaginar a verdade que há por trás desse assassinato. Ninguém.

Meio tímida, a substituta da Mediadora inicia seu sermão. Ela sofre a pressão de trazer uma palavra de consolo para toda a igreja. É como se ela tivesse de salvar todas essas pessoas da tristeza, tentasse arrancar de cada coração a dor, a dúvida, o medo. Ela mesma não sabe o que aconteceu direito, também não entendeu por que a Mediadora foi morta dessa forma tão trágica. Mas a nova líder se esforça e traz ao público uma mensagem de conforto com base, naturalmente, no apoio Divino. "Deus cura todas as dores", diz ela em um tom suave, confortante.

Tenho a impressão de que as pessoas estão gostando dela. Minha doce irmã também parece começar a se afeiçoar à nova líder. Durante o culto, sua fisionomia foi ficando mais serena, tenho a impressão de que ela vai conseguir superar. Mas, ao mesmo tempo, não estou certo de que essa seja a solução, afinal, se Eunice não pensar mais na morte da Mediadora, ela nunca saberá o que realmente aconteceu e isso não é bom.

Eu sei o que aconteceu naquele dia. Tenho absoluta certeza de que o Senhor Soberano mandou matar o casal. Acredito que haja dois motivos para ele ter dado essa ordem absurda aos seus capangas, um deles é o fato de que o casal sabia demais. Como foi revelado naquele dia fatídico, em que ocorreu a tragédia à qual testemunhei, a Mediadora e seu esposo torturaram uma pessoa inocente para que o Senhor Soberano ficasse com sua fortuna e, até hoje, o pobre homem não sabe o que aconteceu nem tem ideia de que foi roubado. Entretanto, penso que o ponto culminante que fez com que o Senhor Soberano mandasse matar os dois foi por causa de sua ganância, isso mesmo, de sua própria ganância. Tenho convicção de que o ódio no coração do Senhor Soberano cresceu quando ele soube que estava sendo roubado. Isso, para uma pessoa que detém o poder, é algo inaceitável. Além disso, a ambição é um fator relevante nessa história, é claro que uma pessoa como o Senhor Soberano, que engana, rouba, manipula para poder ter lucro, não ia admitir que alguém tirasse uma fatia daquilo que lhe pertence, mesmo que essa fatia fosse mínima. Eu não tenho ideia do montante que estava sendo desviado da igreja, mas imagino que não era muita coisa, diante da fortuna que o Senhor Soberano acumulou nesses anos todos, desde quando fundou sua primeira igreja. Mas, para o ganancioso, uma lasca que se tire daquilo que é de seu domínio é uma traição imperdoável. Talvez o desvio das ofertas fosse pouco, mas era muito aos olhos do dono. Somada à quantia estava a traição. Quem se atrevia a roubar o todo-poderoso? Como essas duas pessoas ordinárias tiveram essa ousadia? É claro que o Senhor Soberano não iria aceitar uma coisa dessas.

Gostaria que minha irmã soubesse dessas coisas para, finalmente, cair em si e sair fora dessa prisão. Eu sei, eu sei, estou vendo tudo por outro ângulo, para mim tudo está muito claro, entretanto, para Eunice não. Eu não me conformo com isso. Até hoje não sei se Eunice realmente não via que a Mediadora estava desviando dinheiro da igreja ou se ela fingia que não via porque queria a aprovação dela. Se ela fingia não ver, isso é muito grave. A gente não pode simplesmente fechar os olhos para uma coisa que é errada. Ora, não é certo enganar as pessoas, fazer com que elas doem seu dinheiro, seus bens, seus pertences para uma suposta causa e depois pegar esses bens para benefício próprio. É claro que isso não é correto. Eunice não podia fechar os olhos para esse fato, caso ela tenha percebido. Não, ela não podia.

Caso minha irmã não seja inocente nessa história, se sabia exatamente como as coisas estavam acontecendo e não fez nada, ela se torna cúmplice desse crime e isso me entristece muito. Não foi assim que fomos criados, nossos pais se esforçaram demais para que nós três tivéssemos uma boa educação e, também, que fôssemos conscientes sobre o que é certo e o que é errado, e enganar pessoas e tirar coisas delas não é certo.

Não sei que desfecho essa história terá, sinceramente espero que tenha um final feliz, que as pessoas sejam libertadas dessa prisão, que possam ter uma igreja limpa espiritualmente. E o mais importante de tudo isso para mim é que minha irmã volte a enxergar. Eu ficaria extremamente feliz se pudesse ver minhas duas irmãs bem, com a vida calma e controlada. Talvez seja egoísmo de minha parte. Quem sou eu para querer alguma coisa? Elas têm a vida que querem ter, seguem o caminho que querem seguir, não tenho o direito de simplesmente desejar outra vida para elas. Cada pessoa é responsável pelo jeito que escolheu viver, com minhas irmãs não é diferente.

*

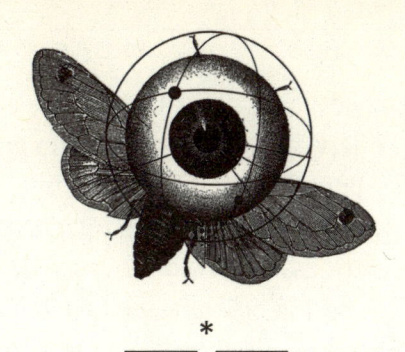

Tudo está voltando ao normal na vida de Eunice. Sua rotina enlouquecida tem surgido aos poucos, a cada dia ela tem retornado ao seu ritmo acelerado, agora com sua nova parceira, a líder substituta da Mediadora falecida.

Eunice nem imagina o que está por vir. Como eu sei o que está por vir? Sei porque, como inseto que sou, estive em um lugar onde poucos frequentam: a residência particular da família religiosa, e não gostei nada do que vi.

Vi uma vida suntuosa. Vi a soberba; a exploração; a falta de caráter e a cara de pau de um homem a quem muitos admiram, mas que não vale nada.

A moradia mais parece um castelo. Não estou dizendo que isso seja errado, todo mundo tem o direito de morar em um castelo, se assim o quiser, a questão aqui é a que custo o Senhor Soberano possui uma casa tão ostentosa. Nós bem sabemos como ele conseguiu essa vida magnífica, cheia de luxo e beleza; a vida milionária do Senhor Soberano é sustentada pela exploração dos súditos que frequentam sua igreja. O problema todo está aí. Pessoas como minha irmã Eunice, que não enxergam um palmo diante do nariz e caem na conversa do Senhor Soberano. Ele tem um discurso bem elaborado, devo admitir, com palavras rebuscadas, porém sem sentido; ele convence os membros de sua igreja a fazer qualquer coisa "em nome de Deus", mas, na verdade, tudo o que se faz ou o que se doa é para seu próprio benefício. Isso é tão nítido que chega a ser absurdo. Entretanto, as pessoas que são frequentadoras da igreja não veem o que há por trás da intenção dele e acabam se iludindo com toda essa conversa sobre o que Deus quer para elas, como Deus quer que elas ajam e o que

Deus vai dar em troca se elas doarem tudo o que possuem. E, assim, ele segue iludindo os fiéis e eles vão se deixando enganar, talvez por carência ou por desespero ou por, simplesmente, não terem mais a quem ou ao que se pegar. Vejo por minha irmã, a ausência de uma vida própria a leva para esse mundo de enganação, como ela não está satisfeita consigo mesma ou com sua vida, então se agarra a esse mundo falso, com promessas vazias e linguagem enganadora. A voz do Senhor Soberano pregando é sedutora, é atrativa, para quem está em desespero sua pregação acaba servindo como consolo e faz com que as pessoas tenham um resquício de esperança. O sermão as leva a achar que a solução é esta: ser submissas aos chefes espirituais, não questioná-los e doar o que for preciso para a "obra do Senhor".

É fácil falar em nome de Deus, é possível colocar qualquer coisa na boca de quem não está presente. E, infelizmente, Deus não está presente na vida dessas pessoas, por isso elas se agarram a quem podem ver e tocar; nesse contexto, elas confiam em seu chefe espiritual e se entregam de corpo e alma.

Contudo, aqui no lar religioso o que vejo é bem diferente do que os membros da igreja imaginam. Adentrando pela intimidade do Senhor Soberano, constato que ele é realmente um crápula. Ele e sua família tiram suas máscaras e mostram quem realmente são. Eu mal posso acreditar no que ouço! Enquanto a família se reúne para a principal refeição, meus ouvidos doem quando escuto as duras palavras dessa gente contra as pobres pessoas que lhe proporcionam esse almoço requintado: seus súditos. Eles são tratados como gentinha; são classificados como a pior das espécies. A família se coloca na posição mais alta de toda uma civilização e menospreza, de maneira cruel e insana, as pessoas que bancam todo o esquema que faz dela integrante de uma classe milionária. Os indivíduos dessa família depreciam os frequentadores da igreja, dizem que eles são porcos nojentos, que não servem para nada. Alguns familiares dizem que têm asco quando essa gentinha, como são chamados, se aproxima.

No canto da sala, estou paralisado. Claro que eu já notava que a honestidade estava longe de fazer parte da vida desse sujeito, mas, sinceramente, quando me lembro daquelas pessoas ali no templo, glorificando não se sabe quem, se o líder ou Deus, mas estão ali quase hipnotizadas pela palavra que lhes é passada em nome de Jesus Cristo, meu desespero aumenta. De certa forma elas são ingênuas demais. Em alguns momentos, esse fato me irrita. Como é possível elas serem tão estúpidas? Mas, ao mesmo tempo, eu as vejo como pobres cidadãos inocentes, que estão sendo ludibriados de maneira cruel e abusiva. Dá raiva, mas dá pena também.

O fato é que a realidade é essa que estou vendo bem aqui, na minha frente: a família religiosa reunida e feliz, tecendo seus comentários maldosos sobre os estúpidos e inocentes membros de sua igreja maldita. Trata-se de pura tirania.

Um momento! O que está acontecendo? O segurança se atreve a invadir o instante íntimo da família para falar alguma coisa no ouvido do Senhor Soberano. Deve ser algo bastante importante, pois parece que o Senhor Soberano não gosta de ser perturbado quando está com a família, mas o segurança se arriscou e foi até ele para lhe comunicar algo.

De repente, o Senhor Soberano se levanta e bate na mesa. "Como assim? Quem autorizou a entrada deles?", grita o líder. Sua esposa pergunta o que está acontecendo e ele deixa a sala, enfurecido, sem lhe dar atenção. Imediatamente eu saio voando atrás dele para ver o que está acontecendo, quando me deparo com dois camaradas uniformizados e armados. São da Polícia Federal. É isso mesmo que aconteceu, o Senhor Soberano foi detido pela Polícia Federal, foi levado à força para dar explicações sobre seus infinitos bens.

Todos estão estarrecidos. Já eu não consigo conter a satisfação que esse episódio me trouxe. Não é um sentimento de vingança, mas de justiça, afinal, alguma coisa precisava ser feita, esse homem não podia continuar por aí explorando pessoas ingênuas.

A notícia de que o Senhor Soberano tinha sido preso logo se espalhou. Seus seguidores estão em alvoroço, inclusive minha irmã. Os meios de comunicação também divulgam o acontecido. Todos estão chocados. A igreja se mobiliza. Faixas foram feitas em favor do Senhor Soberano, os membros vão à porta da delegacia em defesa. É como eu disse, a ignorância dessas pessoas é algo que não se pode explicar; sem conhecer direito os fatos, elas já tomaram as dores de seu líder e, plenamente convencidas de que o Senhor Soberano é inocente, saem por aí ecoando um grito em favor de sua absolvição.

São ignorantes ou ingênuas? Não sei o que dizer; cada qual tem uma razão para estar ali entregando sua vida a uma doutrina enganadora. Esses indivíduos não devem ter um motivo muito diferente do de Eunice. O que move minha irmã a esse caminho sem volta é o fato de ela não aguentar sua própria vida, então ela se esconde atrás dessa fachada de "serva de Deus" para ter algo em mente, para não ser obrigada a entrar em contato com ela mesma, com as coisas que se passam em seu interior. Sim, acredito que a maioria das pessoas que largam tudo e se enfiam em uma coisa louca dessas é porque não estão satisfeitas com sua própria vida, talvez até cheguem ao ponto de se odiar; são criaturas perdidas em uma vida vazia que depende de outras pessoas para ser preenchidas. Isso é muito triste.

Mas não se pode fugir da realidade. A vida real mostra que o Senhor Soberano, a pessoa em quem tanto confiam, é de fato um bandido, ou essas pessoas entendem isso ou elas vão passar a vida toda correndo atrás de uma justiça mentirosa, e isso nós sabemos que não está certo. O que ocorre é que existe sim justiça, porém essa não depende de homens, mas de uma força superior que foge aos olhos desses indivíduos. Eles se negam a enxergar o que é ter uma verdadeira relação com Deus, preferem viver na superfície, tendo contato com aquilo que podem ver e tocar, ou seja, estão presos a uma relação entre seres humanos, apenas. Quando falo sobre isso, o que me vem à mente é aquela nobre senhora a quem pude ter a oportunidade de conhecer. Ela, sim, ia à igreja em busca de uma verdadeira relação com Deus, teve isso e me deu o privilégio de ter podido sentir a presença do Espírito Santo, ou seja lá que nome dar, juntamente com ela. Eu vivi e senti uma presença divina naquela ocasião. Foi algo inexplicável, mas sei que foi especial. Todo o meu pequeno corpo de inseto se preencheu com uma força extraordinária. Eu, uma simples mosca, experimentei algo sobrenatural, foi uma sensação enigmática que fez de mim um ser exclusivo.

Os membros dessa igreja não sabem o que é isso, eles estão lá por outros motivos, não o de ter um relacionamento com Deus. A busca dessas pessoas é tola e vazia, querem *status*; são idólatras, seguem os conselhos de tolos, não buscam nada mais além dessas frívolas ocorrências. Por isso, agora estão aí, lutando por uma causa vã, defendendo o Senhor Soberano, um criminoso declarado.

Por fim, essa história terminou como tinha de terminar. O Senhor Soberano foi preso efetivamente porque, além dos crimes contra a Receita Federal e contra o povo que frequenta sua igreja, havia os mais graves, os assassinatos comandados por ele. Ele e toda a sua corja foram condenados. Da família, alguns se salvaram, somente aqueles que não sujaram tanto as mãos ao cumprirem as ordens do Senhor Soberano. Mas o Senhor Soberano e seus cúmplices diretos vão pagar por seus crimes na cadeia. Parece estranho nos dias de hoje, mas é verdade. É certo é que não foi a justiça dos homens que prevaleceu aqui, e sim a justiça divina. Aquele ser superior, cuja presença eu senti naquele dia, agiu e o fez da maneira de tinha de ser. Talvez isso tenha acontecido simplesmente pelo fato de aquela doce senhora ter estado naquele templo. A junção daquelas energias poderosas surtiu um efeito extraordinário sobre os acontecimentos, que culminou no ajustamento das coisas.

Entretanto, do outro lado, as coisas não fluíram bem. Sem um líder, a igreja foi totalmente desfeita, não havia ninguém que substituísse o Senhor Soberano, principalmente porque os templos eram dirigidos de modo ilícito e a lei foi implacável, penalizou todos os envolvidos e fechou todas as congregações.

Para o povo que frequentava aqueles templos, isso foi um golpe e tanto. As pessoas ficaram sem saber o que fazer e para onde ir, como se não existissem outras igrejas que pudessem frequentar.

Eunice se sente perdida, não há mais a quem servir, não há mais Principal ou Mediadora; o líder máximo está preso e, os que ficaram livres, cada um foi para um lado. Ela chora dia e noite. Para ela, o mundo tinha acabado.

Quero gritar: "Eunice! Acorde! Essa é sua chance de ser feliz!"; mas, na condição em que estou, não posso. Estou meio desesperado com isso. Não me conformo em ver minha irmã dependente, dessa maneira tão hostil, de uma situação ou de pessoas que não estão nem um pouco preocupadas com ela, e mesmo que estivessem, vá viver a vida, minha irmã, mas não; Eunice não quer continuar vivendo sem seu porto seguro: a igreja. Ela não tem coragem de sair de sua zona de conforto, para ela é normal ser submissa, é natural conviver com pessoas não tão honestas assim e, pior que isso, para minha irmã, mesmo que essas pessoas façam coisas com as quais ela não concorda, deve sempre estar à disposição delas, sem questionar, sem pestanejar. Se isso não é lavagem cerebral, o que é, então?

Pobre Eunice! Não há mais esperança para ela, sua vida acabou. Fico pensando se não seria melhor as coisas ficarem como estavam antes; para os cegos, não conhecer as cores do arco-íris é algo natural, eles não sentem falta disso, porque não as conhecem; por não as verem, não sentem a emoção que é enxergar um arco-íris, então não sofrem. Assim é com Eunice, mesmo estando tudo errado, mesmo o Senhor Soberano abusando de sua ingenuidade, mesmo ele sendo um tirano, se minha irmã não percebesse isso ou não visse, ou não quisesse ver, não sofreria e as coisas estariam exatamente como ela sempre quis, ou seja, com ela podendo exercer seu papel submisso, entregando sua vida desajeitada e sem graça a quem não merecia. Tenho pena de minha irmã. Eu sei, eu sei, pena não é um sentimento legal, principalmente nessas circunstâncias, pois minha irmã é totalmente dona de sua vida e capaz de escolher seu caminho, isto é, ela está onde está porque simplesmente quer estar. Mas é complicado. É difícil para mim vê-la assim, no fundo do poço, sem esperança, sem alegria, jogada em um canto, definhando por uma causa miserável. Porém, é isso que me apresenta, é nessa situação degradante que minha irmã acabou aterrissando. Não há nada que eu possa fazer, mesmo se eu estivesse de novo em um corpo humano, que eu pudesse me aproximar de Eunice como homem, como seu irmão, mesmo assim, também não poderia fazer nada. Minha irmã é adulta, dona de sua própria vida, é capaz, sim, de seguir em frente, de esquecer essa fase ruim e ir adiante, mas o que ocorre é que ela não quer fazer isso, por essa razão é que digo que não posso fazer nada. Não sou dono da verdade, não tenho o poder da livre escolha em minhas mãos, nem Deus tem esse poder, por isso Ele deu ao homem o livre-arbítrio, mas o homem, na maioria das vezes, não é capaz de assumir essa responsabilidade. Para minha irmã a vida termina aqui, e a mim só resta seguir em frente, desapegado, livre.

*

É estranho, mas, como em um passe de mágica, voltei para o banco da praça onde tudo começou, não só regressei ao local de início, mas retornei também a ser homem, isso mesmo, homem de carne e osso, agora sou gente de novo, não mais um inseto. Como tudo isso aconteceu? Não tenho ideia. O que sei é que aprendi mais nesse tempo, que não sei quanto durou, do que em minha vida toda. Essa foi uma experiência que eu nunca mais esquecerei, fez toda a diferença em minha vida. Não sou a mesma pessoa.

Quanto às minhas irmãs? Sim, elas tiveram o fim que narrei antes, nada mudou, a única coisa diferente nessa história toda é que eu voltei a ser uma pessoa, com pelos no corpo, cabelos, altura compatível; agora tenho voz, posso falar, interagir e... sentir. Mas há algo diferente em mim, sinto-me energizado, mais forte e tranquilo. Não sou mais o mesmo homem, não sou mais só o irmão caçula de Eunice e Patrícia; sou alguém munido de algo mais, sinto que evoluí; estou mais fortalecido, é como se eu, agora, fosse um super-herói destinado a salvar as pessoas. Mas será mesmo que posso salvá-las? E se elas quiserem cair no abismo? E se esse for o desejo mais profundo do coração de cada uma delas? Não, não posso fazer nada. Não é tão estranho assim. É claro que eu tenho consciência de que não posso interferir na vida do outro, embora essa vontade perambule por minha cabeça diariamente, não só com relação às minhas irmãs malucas, mas também no que diz respeito a qualquer pessoa, basta eu ter uma abertura para avaliar e chegar à minha única e exclusiva conclusão e daí, então, querer mudar tudo na vida alheia. Ela devia agir assim ou assado, e assim por diante. Dentro de minha arrogância intrusa, eu, como mosca ou como homem, imagino aquilo que é melhor para todos e decreto que minhas irmãs devem atuar em cima de meus princípios. É verdade, eu sei, não tenho esse direito, entretanto, minha condição de inseto me deu essa abertura, por isso desejei ser uma mosca, para observar sem ser incomodado e analisar cada fato, friamente, dando meu veredito ao final. A questão é que minhas irmãs tomaram um rumo na vida absolutamente distante do modo como fomos criados. Esperava que elas fossem diferentes, mas não tenho esse direito. Ao mesmo tempo, não posso aceitar que elas sejam tão díspares daquilo que nos foi mostrado quando éramos crianças. Imaginava que seríamos um, um trio em um, que seguiríamos o que nossos pais nos ensinaram, que seríamos como eles. Talvez eu seja um iludido. Quem sabe não coloquei em minha cabeça que minha família era perfeita demais em minha infância, mas que se tornou isso, um resumo de estranhas atitudes. É, pode ser que eu seja mesmo um alucinado.

A essa altura do campeonato é, no mínimo, arriscado pensar de outra maneira, ou seja, descobrir, aceitar, perceber que meus pais não eram nada daquilo que eu imaginava; que minhas irmãs são malucas por causa deles; que não sou tão normal quanto penso que sou, que, no fundo, sou maluco também, não sei. É possível que nós sejamos uma família normal, afinal, que tipo de parente não tem problemas de relação e de convívio? Todos nós temos. Toda família tem um lado difícil, a minha não é diferente. O que ocorre é que nessa minha fase como inseto, em que observei com certa distância emocional, afinal, era um ser completamente distinto de um humano, nesse período pude notar todas essas coisas que eu não percebia antes, tive condições de avaliar o comportamento de minhas irmãs e dei um veredico. É certo que, em alguns instantes, acabei deixando a emoção fluir, mas em determinadas situações valeu a pena, digo isso porque me lembro dos bons momentos que passei ao lado daquela nobre senhora, cujo espírito é superior. Mas também me deixei levar pelo desespero, raiva, inconformismo. Entretanto, continuei sendo a mosca observadora, aquela criatura que tudo vê e tudo ouve, mas que não pode interferir em nada; nem mesmo o zunido de suas asas modifica alguma coisa, apenas incomoda um pouco, porém não muda o que existe.

Minha vida foi transformada em todos os sentidos. Fui inseto, inseto meio gente, meio mosca, agora sou raça humana novamente, homem feito, experiente e, querendo ou não, mais sábio. A experiência que vivi fez de mim outra pessoa, alguém mais evoluído, menos neurótico, mais questionador, porém, ao mesmo tempo, mais compreensivo. Hoje vejo as coisas com outros olhos, principalmente no caso da minha família. Os ensaios vivenciados por Eunice e por Patrícia serviram-me como ponto de reflexão e exemplo. Exemplo de uma vida que não se deve seguir, espelho de um comportamento derrotado. É uma pena que as coisas tenham chegado a esse ponto, queria muito poder narrar outro final para minhas irmãs, mas isso não é possível. Não é viável simplesmente porque só quem pode mudar a situação em que elas vivem são elas mesmas, e isso depende de um nível de entendimento e evolução imensurável. Elas preferem não sair de sua zona de conforto, não querem ter trabalho, têm medo de sofrer. O mais interessante é que não percebem que já estão padecendo; aceitar tudo o que se vê pela frente pode parecer confortante, mas não vai amenizar a agonia. Eunice escolheu deixar-se ser enganada pelas pessoas de sua igreja, preferiu se esconder atrás de aparências, camuflou-se na fantasia de uma vida espiritual, sendo que de espiritual não tinha nada. Já Patrícia entrou em uma corrente ilusória, envolvendo pessoas, passando por cima delas como um trator, permitindo que seu egoísmo fosse o dono de seu destino. Isso me deixa bastante triste, principalmente agora, que voltei a ser um humano. O que vou fazer agora? Vou procurá-las? Vou atrás delas para lhes aconselhar, para dizer a elas que seguiram caminhos totalmente errados? De novo venho com essa história de caminho errado! Quem sou eu para dizer se o caminho que minhas irmãs seguiram é certo ou errado? Elas que sabem disso. Talvez eu tenha o direito de julgar as atitudes de Eunice e de Patrícia no decorrer da vida, falo isso com base nos resultados. Como elas estão agora? Estão felizes? Deram certo? Estão satisfeitas? Sentem-se completas? Não. Patrícia alimenta seu vício em trocar de família como se troca um sapato em uma loja. Eunice está em um canto qualquer, decepcionada com sua igreja, sem ter onde se segurar; ela não tem a mínima ideia de como ou com o que vai preencher o vazio que é sua vida. Diante dessa realidade, ofereço a mim mesmo a regalia de ajuizar sobre o modo de viver de ambas; se elas estivessem bem, eu diria o contrário, evidentemente. Diria que seguiram o caminho certo, a questão aqui não é o julgamento em si, mas o direito de julgar. Possuí esse direito quando me tornei mosca. Ora, de que me serviria observar sem julgar? Esse foi meu intuito quando desejei ser uma mosca, essa era a razão, a de estar no ambiente sem ser percebido, olhar o que está acontecendo, analisar e, por fim, ponderar sobre a situação. Sim, minhas irmãs deram às suas vidas o rumo errado, equivocaram-se na direção, meteram os pés pelas mãos, jogaram-se num abismo sem perceber e eu assisti a tudo isso sem ser notado, imune às desculpas que elas dariam se eu estivesse na pele humana e as contrariasse. Sim, se eu estivesse na pele de irmão e falasse qualquer coisa, tanto Eunice quanto Patrícia arrumariam mil explicações para justificar seus atos e eu só poderia lamentar.

Como mosca, fiquei isento dessa retruca; se, como homem, eu nada poderia fazer por elas, então melhor mesmo foi ser um inseto nessa trajetória, um bicho pequeno e voador, insignificante para a maioria, assim pude estar e não estar ao mesmo tempo, isso foi uma dádiva, quem já teve uma oportunidade como essa? Que eu saiba, ninguém. A mim foi dada essa chance e pude aproveitá-la da melhor forma possível. Por fora sou um ser humano de novo, mas por dentro sou diferente. Essa experiência me levou a outro patamar, foi surreal, mas não foi só isso, além da excepcionalidade envolvida nesse episódio – afinal, quem vira um inseto hoje em dia? –, outro fenômeno ocorreu, o da oportunidade de ter tido contato com o sobrenatural, de ter podido sentir a presença de um ser superior, algo ou alguém que preencheu de maneira extraordinária meu ser. Hoje sou outro homem, com pernas, braços, cabeça, é certo, mas, também com uma consciência mais elevada. Há algo em mim que se sobressai, que transborda uma segurança e uma inspiração fora do comum. É como se, agora, eu tivesse superpoderes, pudesse controlar meus pensamentos. Isso é fantástico! Sempre quis dominar meus pensamentos, nunca me conformei em sair por aí simplesmente sentindo em vez de raciocinar sobre as coisas, isso não é justo para ninguém, se temos controle emocional, podemos usufruir da vida com a máxima intensidade, mas, se não temos, caímos em um abismo, um buraco igual a esse onde minhas duas irmãs despencaram.

Isso eu não desejo para ninguém. Depois de toda essa experiência minha vida se tornou mais equilibrada, meus pensamentos parecem estar organizados em pastas, como em um PC, e meu coração está mais tranquilo. Sinto-me bem, penso que isso seja o suficiente.

Quanto às minhas irmãs, não posso dizer o mesmo, uma está desequilibrada, saltando de casa em casa, de família em família, procurando a felicidade. Ah! Se ela soubesse que a felicidade normalmente está mais perto do que a gente imagina. A felicidade existe dentro da gente; o problema de Patrícia é que ela apoia sua vida no que está lá fora, tenta encontrar-se em um marido, filhos, uma casa que ela possa cuidar, enfim, aquilo que é pregado como "família feliz" para minha irmã é a solução para tudo.

Já Eunice acabou desapontada com a vida, confiou demais em seus chefes espirituais e na igreja, e toda essa história trágica que aconteceu nos últimos dias a derrubou de verdade. É claro que minha irmã não é ingênua, mas não está preparada para enfrentar a realidade, por isso sua mente criou uma defesa e ela passou a ignorar tudo o que não condizia com o mundo que havia criado. Para Eunice, a Mediadora era incorruptível, em sua cabecinha era capaz de inventar as desculpas mais fantasiosas que já se viu, seus líderes eram perfeitos, a igreja era imaculada e todo ser que frequentava aquele templo era a criatura mais íntegra da face da Terra.

Assim, minhas irmãs se perderam. Desgraçaram-se na mais completa falta de juízo, não sabiam o que estavam fazendo e ainda não sabem; caíram no abismo da ignorância e estão sofrendo por isso.

Fico pensando se eu poderia fazer alguma coisa, mas, no fundo, sei que não. E não tenho o poder de incutir ideias em suas cabeças, não posso sequer ditar o que eu gostaria que elas fizessem; apenas queria que elas ficassem bem, mas isso é impossível, é somente um desejo que não tem força, que não é capaz de se materializar, porque não depende só de mim. Consegui materializar meu desejo de ser mosca, mas não posso opinar ou transformar a vida do outro. A mosca que fui estava amarrada só a mim, era eu comigo mesmo. O meu corpo foi transformado; fui eu quem aguentou a rejeição por ser um inseto asqueroso, eu que sofri as consequências de não poder interferir, de não ter a capacidade de falar, de atuar, de agir. Ninguém mais precisou passar por isso, apenas eu.

Agora, como homem, sou capaz de interagir; entretanto, minha competência para isso continua a mesma de quando era uma mosca. Isso é frustrante. Do que adiantou tudo isso? De que serviu eu ter sido um inseto observador se não pude e ainda não posso ajudar minhas irmãs? Tem de haver um sentido nessa vida. Se não podemos ajudar o próximo, de que adianta nossa estada aqui, neste mundo? Pequeno como uma mosca, não tive aptidão para ajudar dois membros da minha família, agora, como ser humano, continuo na mesma situação, sem poder fazer nada por Eunice e por Patrícia.

Na verdade, não tenho de ficar pensando nisso, já que não tem solução; o que tenho de fazer é criar uma nova versão de mim; uma vida nova, restaurada, cheia de coisas boas. Se para minhas irmãs não servi de nada, para mim mesmo a história é outra. Aprendi, cresci, evoluí. Recebi o Espírito Santo – ou seja lá que nome dar –, encontrei a salvação, não essa que é pregada nas igrejas, obrigatória, forçada, que oprime, mas a verdadeira salvação. Meu coração se aproximou de Deus e, agora, tenho certeza de que posso contar com a superioridade divina, estou certo de que o Universo caminha a meu favor. Tenho a sensação de que posso todas as coisas. Estou mais forte, mais, impressionantemente, eu mesmo; simples e, ao mesmo tempo, poderoso. Esse contrassenso pode parecer estranho, ou eu sou uma coisa ou outra. A questão é que essa é a graça da coisa, sou pueril, mas impetuoso; modesto, mas extraordinariamente digno de receber a mais fantástica bem-aventurança. Esse sou eu agora. Sim, posso parecer arrogante, mas por que deixaria de dizer que mereço o melhor? O que poderia falar no lugar disso? Que sou miserável? Mau caráter? Que desmereço o que há de bom nessa vida? Ora, isso é ridículo. Pude vivenciar os momentos mais extraordinários quando fui inseto, isso não pode mais ser apagado de minha memória, muito menos devo ignorar essa dádiva. Agora que voltei a ser homem, de carne e osso, continuo a carregar o que de melhor passou por minha vida e que provocou uma transformação inacreditável no meu modo de pensar, sentir e agir. Não sou mais o mesmo, sou incomum, avesso, desigual. Não me conformo com a mesmice, com a patética vida cotidiana. Sou uma pessoa melhor, ainda tenho defeitos, porém sou mais consciente de minhas fraquezas; tenho um entendimento maior sobre até onde posso ir e que diferença isso vai fazer para minha vida. O que mais me admira nessa história toda é que, agora, tenho consciência de que não possuo o poder de interferir na vida das pessoas, elas são o que são e eu sou o que sou, o máximo que posso fazer é assistir aos tormentos alheios calado, como se ainda fosse uma mosca.

Isso foi o que restou da família Damasco, nem todos terminaram bem. Queria muito que minhas irmãs estivessem numa situação melhor, que elas encontrassem a si mesmas, que achassem um caminho que as fizesse felizes. Infelizmente, não foi assim, ambas acabaram decepcionadas, perdidas, sem rumo e sem chão. Estão por aí ocupando um espaço qualquer, tentando sobreviver às frustrações que elas mesmas criaram. É uma pena. Do fundo de meu coração, gostaria que a história delas fosse diferente. Quero bem a elas, desejo que sejam felizes, ainda há essa chance, não sei... quem sabe um dia Eunice e Patrícia não caem em si e consigam fazer parte desse mundo, de corpo e alma, sem buscar subterfúgios fora delas para serem felizes? O exterior não ajuda em nada, somente o que vem de dentro para fora é que pode mudar as coisas, tanto para o bem quanto para o mal. Elas não tomaram cuidado com isso e entregaram a vida a qualquer coisa que viesse de fora, externaram a felicidade, terceirizaram seu destino. Agora estão por aí, como zumbis, perambulando pelos caminhos, sem saber para onde ir, apenas sobrevivem em uma subvida. Fico chateado porque são elas, minhas duas irmãs, pessoas queridas, com as quais compartilhei boa parte de minha biografia; entretanto, não há o que se fazer. Devo ter dito isso um milhão de vezes nesta narrativa: "Não há o que se fazer". Talvez esteja querendo justificar minha impotência diante dos fatos. Embora ninguém esteja cobrando de mim a falta de capacidade de fazer alguma coisa por elas, me sinto meio mal. Queria fazer alguma coisa; queria abrir os olhos delas, esbugalhá-los, na verdade. Meu anseio era incutir na mente das duas que elas só precisam conhecer a si mesmas para entender que a felicidade não está do lado de fora, na igreja ou em um casamento de fachada; a felicidade está mais perto do que se pode imaginar, está no que se passa dentro delas; está em como ambos transformam seus pensamentos e reagem às situações. Cada uma buscou um caminho que lhe pareceu mais fácil e mais lógico, cada uma tinha uma razão para escolher a estrada que escolheu. Eunice fugiu de si mesma, anulou sua vida, esqueceu-se de si mesma por completo e jogou todas as suas expectativas na igreja. Patrícia, alienada, encarnou a princesa que é sempre salva por um príncipe no cavalo branco e se embrenhou em casamentos sem sentido, achando que isso a deixaria mais feliz. Ambas se envolveram em circunstâncias que, claramente, não trouxeram nenhum alívio; o tipo de vida que minhas irmãs tomaram para si não foi o suficiente para espantar os fantasmas internos que ainda as assombram.

Minha vida como mosca me mostrou isso. Essa era minha intenção quando desejei ser um inseto: observar o ser humano de longe. Inevitavelmente, apeguei-me à vida de minhas irmãs, não sei se por causa do laço familiar que nos une ou se foi um acaso, o fato é que, agora, tenho muito a contar e a pensar.

Nessa história toda, o melhor foi a bagagem que eu trouxe comigo, não só em forma de experiências, mas também como fonte de energia evolutiva. Eu evoluí. Vivi, aprendi, senti, experimentei. Hoje sou outra pessoa, sou mais forte e mais consciente. A temperança, a quietude, a garra e o equilíbrio estão presentes em minha vida, agora. Tudo isso devo àquela nobre senhora que, por ter um coração gigantesco, me deu a oportunidade de caminhar ao seu lado, mesmo que temporariamente, mas foi um tempo que abalou as estruturas de meu ser.

Só tenho a agradecer a ela e ao Universo, a Deus, ao Ser Superior, por tudo o que sou hoje. Em termos racionais, sou o mesmo cara que fui quando era uma mosca; no mundo espiritual, sou diferente, sou uma pessoa melhor, esse, é claro, é um motivo mais do que suficiente para se comemorar, afinal, de que valeria essa mutação de homem para inseto, de inseto para homem se não me rendesse algo novo, algo positivo? De que adiantaria se eu não conseguisse contar uma história real e verdadeira para servir de exemplo não só para mim, mas também para todos aqueles que tiverem a oportunidade de conhecê-la? De nada serviria.

Tornei-me uma mosca porque queria desfrutar da sabedoria que há por trás da imparcialidade e obtive mais do que isso, alcancei a sabedoria divina, usufruí daquilo que há de mais divino nesta terra; vivi o sobrenatural. Alcancei o milagre do crescimento, da evolução. Agora sou homem de novo, de carne e osso, mas com uma mente que vai além da pele humana.

Esta é uma obra de ficção, qualquer semelhança com fatos, nomes, pessoas ou situações da vida real terá sido mera coincidência.

MADRAS® Editora

CADASTRO/MALA DIRETA

Envie este cadastro preenchido e passará a receber informações dos nossos lançamentos, nas áreas que determinar.

Nome _____
RG _____ CPF _____
Endereço Residencial _____
Bairro _____ Cidade _____ Estado _____
CEP _____ Fone _____
E-mail _____
Sexo ❑ Fem. ❑ Masc.   Nascimento _____
Profissão _____ Escolaridade (Nível/Curso) _____

Você compra livros:
❑ livrarias ❑ feiras ❑ telefone ❑ Sedex livro (reembolso postal mais rápido)
❑ outros: _____

Quais os tipos de literatura que você lê:
❑ Jurídicos   ❑ Pedagogia   ❑ Business   ❑ Romances/espíritas
❑ Esoterismo ❑ Psicologia ❑ Saúde   ❑ Espíritas/doutrinas
❑ Bruxaria   ❑ Autoajuda   ❑ Maçonaria   ❑ Outros:

Qual a sua opinião a respeito desta obra? _____
_____

Indique amigos que gostariam de receber MALA DIRETA:
Nome _____
Endereço Residencial _____
Bairro _____ Cidade _____ CEP _____

Nome do livro adquirido: ***Reflexões de um Inseto***

Para receber catálogos, lista de preços e outras informações, escreva para:

MADRAS EDITORA LTDA.
Rua Paulo Gonçalves, 88 – Santana – 02403-020 – São Paulo/SP
Caixa Postal 12183 – CEP 02013-970 – SP
Tel.: (11) 2281-5555 – Fax.:(11) 2959-3090
www.madras.com.br

MADRAS® *Editora*

Para mais informações sobre a Madras Editora, sua história no mercado editorial e seu catálogo de títulos publicados:

Entre e cadastre-se no site:

www.madras.com.br

Para mensagens, parcerias, sugestões e dúvidas, mande-nos um e-mail:

marketing@madras.com.br

SAIBA MAIS

Saiba mais sobre nossos lançamentos, autores e eventos seguindo-nos no facebook e twitter:

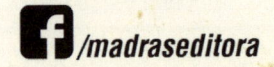

@madrased

/madraseditora